W0395415

Michael Noss

Führen

Mutig und kompetent Verantwortung übernehmen

ONCKEN VERLAG WUPPERTAL UND KASSEL

GemeindePocketGuide

Herausgegeben von Michael Noss

Mit Karikaturen von Thees Carstens

© Oncken Verlag Wuppertal und Kassel 2003
Umschlag: Ralf Krauß, Remseck-Aldingen
Satz: Factory · B. Lieverkus, Remscheid
Druck: Druckhaus Harms, Groß-Oesingen
ISBN 3-7893-7434-2
Bestell-Nr. 627434

Inhaltsverzeichnis

1. **Sich selbst und andere führen** 5
2. **Was ist eigentlich Führung?** 10
3. **Manager oder Führungspersönlichkeit?** 12
4. **Die Aufgaben einer Führungskraft** 16
   4.1. Visionen entwickeln 16
   4.2. Auftrag und Aufgaben entfalten und klären 23
   4.3. Werte etablieren und wiederbeleben 26
   4.4. Veränderungen durchführen und Strategien entwerfen 33
   4.5. Teams aufbauen, motivieren und führen 43
   4.6. Funktionierende Organisationsstrukturen entwickeln 45
   4.7. Menschen motivieren 48
   4.8. Führungskräfte fordern und fördern andere 57
   4.9. Konflikte erkennen und bewältigen 65
5. **Sich selbst führen – Selbstmanagement** 71
6. **Führungsstile** 78
7. **Wenn es schwierig wird, aber nicht so bleiben soll** 80

Literaturverzeichnis 89

1. Sich selbst und andere führen

Wenn wir Christen von »leiten« sprechen, meinen wir meistens das, was andere mit »führen« bezeichnen. Nun haben wir aus unterschiedlichen Gründen mit den Begriffen »führen«, »Führung« oder »Führungskraft« so unsere Schwierigkeiten. Zum einen hat das etwas mit der unseligen Geschichte des Nationalsozialismus in Deutschland zu tun. Zum anderen liegt es wohl daran, dass Christen doch in Jesus ihren Führer haben, der sie durch sein Wort und den Heiligen Geist leitet. Trotzdem gehören Führen und Geführtwerden zum Menschsein – auch wenn wir stattdessen »leiten« sagen.

Ich verstehe die Führungsaufgabe von Menschen von einem schöpfungstheologischen Ansatz her. Als Gott die Schöpfung vollendet hatte, übergab er sie dem Menschen, um sie zu pflegen, zu gestalten und das Beste aus ihr zu machen. Das ist für mich die Grundlage von Führung. Ein Mensch, der andere Menschen führt, versetzt sie in die Lage, Neues zu gestalten und zum Ziel zu kommen. Führungskräfte haben eine große Ehrfurcht vor dem Leben und den ihnen anvertrauten Menschen. Sie investieren Vertrauen in andere und genießen selbst ein hohes Maß an Vertrauen. Menschen mit Führungskompetenz wollen anderen dienen. Das gilt besonders deshalb, weil Führung auch immer die Frage nach dem Umgang mit Macht einschließt. Dieser Frage muss sich jeder stellen, der in irgendeiner Weise Einfluss auf andere Menschen hat. Deshalb ist eine gute Führungskraft ein Mensch, der nicht nur andere führt, sondern auch sich selbst führen kann. »Verlange nie von einem Menschen etwas zu tun, zu dem du selber nicht auch bereit bist«, lautet eine alte Regel für Führungskräfte. Deshalb soll es hier noch einmal ganz deutlich gesagt werden:

Führen ist nicht herrschen, führen heißt dienen.

Führen ist nicht *herrschen*, führen heißt *dienen*.

Menschen leiten zu können, ist eine besondere Begabung, die mit einer hohen Verantwortung einhergeht. Dabei ist es unwesentlich, ob jemand eine Führungsrolle in einer Firma oder in der Gemeinde übernimmt. Es spielt vom Ansatz her auch keine Rolle, wie groß und umfangreich die Führungsaufgabe ausfällt, ob jemand Boss eines großen Betriebs, Leiter einer Gemeinde, Jugend- oder Jungscharmitarbeiter oder Dirigent des Chores ist. Letztlich ist Führen eine Frage des Charakters. Deshalb hat Führungskompetenz auch nicht in erster Linie etwas mit der Position oder dem Dienstgrad, der Bezeichnung oder dem Titel zu tun. Führungskompetenz hat man oder man hat sie nicht. Man kann Führung lernen, aber eben auch nur so, wie z. B. ein musikalisch begabter Mensch ein Instrument lernen kann.

Vieles kann man im Blick auf Führungskompetenzen lernen. Aber die Grundlage bleibt die persönliche Führungsbegabung.

Natürlich haben alle Menschen in ihrem Leben ein bestimmtes Maß an Führungsverantwortung. Jede und jeder hat irgendetwas zu unterschiedlichen Zeiten zu führen und zu leiten. Der eigene Haushalt muss geführt werden, die Familie braucht Führung, in Schule, Ausbildung und Studium sind Führungskompetenzen gefragt. Bei jedem Menschen geht es um die Führung des eigenen Lebens. Aber dem einen gelingt das eben mehr und dem anderen weniger. Vieles kann man im Blick auf Führungskompetenzen lernen. Aber die Grundlage bleibt die persönliche Führungsbegabung. Die ist in einem Menschen angelegt und kann entsprechend entwickelt werden.

Leider wird aber häufig Führungskompetenz mit der Position begründet, die ein Mensch bekleidet. Weil jemand z. B. durch großes Fachwissen in einem Bereich zum Chef, Leiter, Direktor, Vorsitzenden oder Generalsekretär geworden ist, denken viele, dass solche Leute auch die Fähigkeit zum Leiten haben. Das ist aber der große Irrtum, der oft dazu führt, dass zur Führung wenig begabte Menschen in Positionen geraten, in denen sie eine hohe Leitungsverantwortung besitzen. Solche Leiter führen dann eben auch so, wie ein unmusikalischer Mensch Klavier spielt.

Das sollte man allerdings nicht zum Anlass nehmen, alle Chefs, Gemeinde- und Gruppenleiter als unbegabt oder unfähig zu erklären. Führungskräfte machen Fehler, sie müssen oft unpopuläre Entscheidungen treffen und sind nicht selten sehr einsam. Das Problem liegt m. E. darin, dass leider das Führen und Leiten noch immer viel zu unkompetent gelehrt wird. Dabei sind christliche Kreise an dieser Stelle schon oft weiter, als das in säkularen Bereichen der Fall ist. Viele Führungskräfte haben als Mitarbeiter in Kinder- oder Jungschargruppen angefangen und durch ältere und erfahrenere Mitarbeiter viel gelernt. Das Vorbild anderer regt jüngere Menschen an, zu lernen und sich selbst zu versuchen. Wer ehrlich auf sein eigenes Leben zurücksieht, wird bestimmt Menschen entdecken, die solche Vorbilder im Glauben und Leben waren. Es kommt sicher auch nicht von ungefähr, dass viele heutige kirchliche Leiter früher einmal in der Kinder-, Jungschar- oder Jugendarbeit engagiert waren.

> ***Andere Menschen führen zu wollen, fängt immer mit Selbstführung an.***

Trotzdem erscheint es mir unabdingbar, noch mehr Kurse für christliche Führungskräfte einzurichten. Es werden schon viele Seminare in unterschiedlichen kirchlichen Institutionen angeboten. Es könnten aber ruhig noch mehr sein, damit Gemeindeleiter, Älteste, Pastorinnen und Pastoren, Mitarbeiterinnen und Mitarbeiter die Chance haben, ihre vorhandene Führungsbegabung zu festigen und noch weiter auszubauen. An dieser Stelle sind Wirtschaftsunternehmen oft weiter als viele kirchliche Kreise. Dort hat man längst gelernt, dass das hier investierte Geld bald durch gut ausgebildete Führungskräfte wieder hereinkommt.

Um eine gute Führungskraft zu beschreiben, lässt sich eine ganze Reihe von Merkmalen anführen. Vielleicht kann ja der nachfolgende Katalog auch eine Art von Kontrolle für das eigene Führungsverhalten sein. Andere Menschen führen zu wollen, fängt immer mit Selbstführung an. Dieses Buch soll dazu anleiten, die eigenen Stärken zu entdecken und zu entwickeln. Es soll helfen, die Grenzen festzustellen und ggf. zu verändern. Der Umfang der

GemeindePocketGuide-Hefte bietet nur einen begrenzten Raum. Wer weiter und tiefer in die Materie eindringen möchte, dem steht umfangreiche Literatur zur Verfügung. Eine kleine Auswahl ist im Anhang in einer Literaturliste aufgeführt. Übrigens: Primärliteratur für Führungsfragen und Führungsaufgaben, für den Umgang mit anderen Menschen und der Macht ist und bleibt für mich die Bibel.

Führungskräfte bzw. Leitungspersönlichkeiten ...

- schaffen Vertrauen und sind deshalb für alle ihnen anvertrauten Menschen verlässlich.
- fördern und entwickeln die Fähigkeiten anderer ohne Druck, aber mit starker persönlicher Ausstrahlung und Sicherheit.
- können mit den Fehlern anderer umgehen und helfen ihnen, künftig Fehler zu vermeiden.
- machen andere stark, indem sie sie anerkennen und fördern.
- haben bei zu treffenden Entscheidungen immer zuerst die Menschen im Blick, die davon betroffen sind.
- können andere Menschen für neue Ziele und Aufgaben begeistern.
- präsentieren sich selbst nie als große Leiter, sondern loben ihre Mitarbeiter.
- wünschen sich Ehrlichkeit und Offenheit. Sie können Kritik vertragen und schätzen Anregungen und Ideen anderer. Sie haben keine Angst vor Autoritätsverlust, weil sie sich ihrer natürlichen Autorität sicher sind.
- haben ein Bewusstsein dafür, dass Macht in erster Linie Verantwortung bedeutet. Sie zeigen eine erhöhte Bereitschaft, auch Pflichten zu übernehmen.
- suchen Fehler bei Misserfolgen zuerst bei sich selbst und schieben die Schuld nicht den Mitarbeitern, anderen Menschen oder den Umständen zu.

- haben auch keine Angst vor unpopulären Entscheidungen und notwendigen Maßnahmen. Neue Aufgaben und schwierige Situationen sind für sie eine Herausforderung, die sie gerne annehmen.
- lehnen jede Art von Intrigen, geheimen Absprachen und Mobbing ab.
- sind gerecht und haben Achtung vor der Würde des Menschen.
- können sich für Fehler entschuldigen.
- versprechen nichts, was sie nicht halten können.
- haben Achtung vor der Leistung anderer Menschen und schmücken sich nicht mit fremden Federn.
- schützen die ihnen anvertrauten Menschen vor Angriffen von außen.
- sind inspirierend und haben eine Vision.

Christliche Führungskräfte unterstellen sich ihrem Herrn Jesus Christus und orientieren sich an den Maßstäben der Bibel (1. Timotheus 3 u. a.).

2. Was ist eigentlich Führung?

Was Führung ist, kann man wahrscheinlich nur anhand von Beispielen gelungener oder auch misslungener Führung erklären und darstellen. Jede Art von Führung – direkt oder indirekt – geht von Menschen aus. Sie geben Beispiele, sie sind Vorbilder, sie zeigen, meist unbewusst, Prinzipien auf, die sich aus ihrem Führungsverhalten erkennen lassen. Dabei macht es keinen Unterschied, ob diese Beispiele nun positiv oder negativ sind. Die einen laden zur Nachahmung ein, die anderen zeigen Gefahren und Grenzen auf. Wenn ich oben sagte, dass für mich die Bibel Primärliteratur bei Führungsfragen ist, dann gilt das auch für die hier beschriebenen Persönlichkeiten und ihre Art und Weise, wie sie Menschen geführt haben. Deswegen in aller Kürze und Vorläufigkeit jetzt einige Merkmale biblischer Gestalten im Blick auf ihre Führungskompetenz:

- Josua: Er führte das Volk ins verheißene Land. Obwohl er auch nicht wusste, was auf sie zukommen würde, nutzte er seine Begabung und setzte das Volk in Bewegung. Bis zum Ende seines Lebens zeigte er sich als große Führungspersönlichkeit der ihm anvertrauten Menschen (4. Mose 13,1-33; 14,1-38; 27,12-23; Josua 1,1-18; 24,1-28).

- Joseph: Er folgte einer Vision, die er lange in sich trug, ohne sich durch Schicksalsschläge davon abbringen zu lassen. Er setzte seine Begabungen zielgerichtet ein und schaffte es so, die Ägypter in schwierigen Zeiten zu ernähren und auch seine Leute vor dem Hungertod zu retten. Er durfte die Erfüllung seiner Vision noch erleben (1. Mose 37,1-36; 39,1-42,6; 47,13-26).

- Nehemia: Er brachte das Volk zurück nach Jerusalem und baute binnen kürzester Zeit die Stadtmauern wieder auf. Er hatte die Fähigkeit, Probleme genau und scharf zu erkennen und ebenso eine entsprechende Lösung zu sehen (Nehemia 1,1-11; 2,1-20; 4,1-23; 6,15-16).

- Jethro: Er verhalf Mose dazu, das Volk besser zu führen, indem er ihn lehrte, Verantwortung zu delegieren. Er brachte ihn dazu, sich auf seine besonderen Aufgaben als Führer seines Volkes zu konzentrieren, und bewahrte ihn davor, sich in Details zu verlieren (2. Mose 18,1-27).

- David: David zeichnete aus, dass er »ein Mann nach dem Herzen Gottes war«. Er hatte einen Blick dafür, sich mit fähigen Menschen zu umgeben, die er für viele Aufgaben einsetzte. So konnte er seine Position als König Israels ausbauen (2. Samuel 8,15-18; 23,8-38; 1. Chronik 12,1-10).

- Moses und Josua: Sie sind ein Beispiel dafür, wie die Nachfolgefrage gut angegangen und durchgeführt werden kann. Mose bildete Josua aus, traute ihm immer mehr zu und vertraute ihm immer mehr an. Er ließ ihm aber seine eigene Art, die Dinge anzugehen. Josua lernte viel von Mose und führte das Volk weiter (2. Mose 17,8-16; 5. Mose 31,1-8).

- Esther: Von ihr kann man lernen, was das richtige Timing ist, um zum Ziel zu kommen. Sie konnte warten und schwierige Situationen aushalten, bis der richtige Augenblick gekommen war, um zu reden und zu handeln. So rettete sie ihr ganzes Volk (Esther 2,1-23; 4,1-17; 5,1-5;7,1-8,8).

- Paulus: Ein Merkmal seiner Führungskompetenz war, dass er neue Führungspersönlichkeiten suchte, entdeckte und förderte. Als Botschafter Jesu suchte er nach Menschen, die andere führen und leiten konnten (Apostelgeschichte 15,36-16,5; 18,1-11; 19,8-10; 1. Timotheus 4,12-16; 2. Timotheus 2,1-10,14-26).

- Jesus: Von Jesus kann man sehr viel im Blick auf Führung lernen. Es ist schon eindrücklich, wie er die Jünger beruft, wie er sie in ihrem Charakter ernst nimmt, wie er ihnen eine Vision vermittelt und ein Vermächtnis hinterlässt. Sein Umgang mit Menschen ist einzigartig und seine Art, andere zu verstehen, beispielhaft.

3. Manager oder Führungspersönlichkeit?

Im englischen Sprachraum unterscheidet man zwischen »Leadership« und »Management«. Mit diesen beiden Begriffen werden zwei wichtige Aufgaben in einer Organisation beschrieben. Im deutschen Sprachraum hat sich, zumindest im kirchlichen Bereich, eher die Bezeichnung »Leiter« durchgesetzt. Das ist aber meines Erachtens die falsche Übersetzung für das Wort »Leadership«. Im säkularen Bereich, vor allem in der Industrie, wo Führung und Leitung schon immer voneinander getrennt wurden, werden diese beiden Begriffe anders übersetzt. »Leadership« bedeutet **Führung**, »Management« **Leitung**.

> Führen ist eine Aufgabe, die von Führungspersönlichkeiten wahrgenommen wird. Dabei handelt es sich um Menschen, die nicht befehlen oder anordnen, sondern überzeugen und verständlich machen können. **Führen ist die Kunst, andere dazu zu bringen, freiwillig das Richtige zu tun.**

Das geht aber immer nur dann, wenn eine Führungspersönlichkeit sich auf den ganzen Menschen einlässt, wenn Menschen nicht als »Rädchen im Getriebe« gesehen und nicht nur in der Funktion wahrgenommen werden, die sie in der Organisation haben. Vom Evangelium her ist das klar und in der Gemeinde viel leichter umzusetzen als zum Beispiel in Wirtschaftsunternehmen. In der Bibel wird der Mensch immer als Ganzes gesehen, der in die Beziehung zu Gott und zu anderen Menschen gestellt und damit gleichzeitig beauftragt ist, diese Beziehungen zu gestalten. Der Mensch verfügt über Willen, Verstand und Gefühle, er ist kreativ und phantasiebegabt. Der Mensch braucht Menschen, und er trägt eine tiefe Sehnsucht nach Bleibendem in sich. Jeder Mensch ist ein einzigartiges Geschöpf und besitzt eine Würde, die von niemandem verletzt werden darf.

Wer führen will, muss dieses Wissen vom Menschen in Kopf und Herz haben. Nur dann kann man Menschen gewinnen. Dann lassen sie sich auch im Blick auf einen zu gestaltenden Auftrag führen. Sie werden etwas freiwillig tun, wenn sie die zu erfüllende Aufgabe verstanden haben und sie ihnen auch etwas bedeutet. Richtig führen kann nur jemand, der sich selbst angenommen hat und andere auch annehmen kann, wie sie nun einmal sind.

Eine Grundbegabung zur Führung lässt sich gut ausbauen. Leider wird das vor allem in der Ausbildung von Pastorinnen und Pastoren meiner Meinung nach sträflich vernachlässigt. Bei ehrenamtlichen Mitarbeiterinnen und Mitarbeitern ist es nicht viel anders. Viele verantwortliche Mitarbeiter in den Gemeinden sind sich vielfach gar nicht darüber im Klaren, dass sie eine Führungsaufgabe haben.

Führungsverhalten beginnt damit, die eigenen Grundeinstellungen zu überprüfen

- Wie sieht mein Verhältnis zu mir selber aus?
- Was kann ich gut und was nicht?
- Wie wirke ich auf andere Menschen, und wie wirken andere auf mich?
- Wie stehe ich zu meiner Arbeit? Was macht mir Freude und was nicht?
- Welche Aufgaben sollte ich weiter verfolgen, welche abgeben?
- Wo muss ich noch etwas lernen?
- Welche neuen Aufgaben kommen demnächst auf mich zu?
- Wie entwickelt sich das Leben um mich?

Ein Mensch in exponierter Stellung sollte sich immer wieder einmal diese Fragen stellen.

Menschen, die führen wollen, müssen auch Führungspersönlichkeiten sein. Dazu gehört ein gutes Geschick im Umgang mit

Menschen und eine gute Menschenkenntnis. Eine Führungspersönlichkeit muss Menschen mögen, eine Freundin oder ein Freund des Lebens und der Menschen sein. Dazu gehört eine hohe Lernfähigkeit und -bereitschaft. Jeden Tag stellen sich neue Herausforderungen und Aufgaben. Es gilt, aus diesen täglichen Ereignissen zu lernen, Schlüsse zu ziehen und Entscheidungen zu treffen. Lernen zu wollen bedeutet, über den Ist-Zustand hinaus zu fragen.

Natürlich spielt auch die Machtfrage eine wichtige Rolle. Ohne den nötigen Einfluss kann man letztlich keine Führungsaufgaben wahrnehmen. Es gilt aber darauf zu achten, dass eine Führungspersönlichkeit ihre Macht nicht gegen, sondern immer für andere einsetzt. Macht ist letztlich der Ausdruck von Verantwortung für das Leben, für Menschen, für mich selbst. Macht ist auch der Wille und die Fähigkeit zum Gestalten. Macht in der Gemeinde muss das Bewusstsein einschließen, dass es Gott ist, der seine Menschen ermächtigt zu leben, zu arbeiten, zu gestalten und verantwortlich zu sein.

Manager oder Leiter machen die Dinge richtig, Führungskräfte machen die richtigen Dinge.

Wie schon angemerkt, wird im Deutschen leider »führen« und »leiten« meist gleichgesetzt. Den Unterschied kann man mit dem bekannten Satz aus dem Amerikanischen frei so beschreiben: »Manager oder Leiter machen die Dinge richtig, Führungskräfte machen die richtigen Dinge.«

Leiten heißt: herbeiführen, die Leitung oder Verantwortung übernehmen, organisieren.

Führen heißt: die Richtung und den Kurs bestimmen, Handlungen und Meinungen steuern, Menschen befähigen, Freiräume schaffen und gestalten.

Gerade Führungsverhalten hängt in erster Linie nicht von Ausbildungswegen, Berufsbezeichnungen oder Hierarchien ab.

Die Gemeinde braucht sowohl Manager als auch Führungspersönlichkeiten. Es muss Menschen geben, die in großer Verantwortung das Vorhandene verwalten. Ich habe eine große Hochachtung vor solchen Persönlichkeiten, die in der Gemeinde zwar nicht Manager heißen, es aber letztlich sind. Was leider häufig fehlt, sind Führungspersönlichkeiten – Menschen also, die andere befähigen, über einen vorfindlichen Rahmen hinaus zu denken und entsprechend zu handeln. Kurz gesagt:

Manager

- grenzen Risiken ein
- reagieren auf Ereignisse
- arbeiten in Systemen und Ordnungen
- suchen nach Führung
- koordinieren Aufgaben und Zusammenarbeit

Führungspersönlichkeiten

- suchen nach Chancen und gehen Risiken ein
- agieren und schaffen neue Bedingungen
- ändern Systeme und Ordnungen
- vermitteln Visionen, die glaubhaft sind
- motivieren andere und schaffen Möglichkeiten zur Zusammenarbeit

Letztlich muss sich jeder Mitarbeiter in der Gemeinde fragen, wo sein Herz mehr schlägt: im Bereich von Leitungsaufgaben (Management) oder im Bereich von Führungsverantwortung (Leadership). Beide werden gebraucht und brauchen einander. Es ist nur wichtig, dass jede und jeder das tut, wozu sie oder er begabt und nicht zuletzt von Gott berufen ist.

4. Die Aufgaben einer Führungskraft

4.1. Visionen entwickeln

»Vision« gehört zu den unscharfen Begriffen unserer Zeit. Manche meinen Idee, wenn sie Vision sagen. Andere empfinden hinter dem Begriff Vision etwas Nebulöses, Unfassbares und manchmal auch Verrücktes, weil es jeden Bezug zur Wirklichkeit zu entbehren scheint. Manche benutzen das Wort Vision auch als eine Art Zweckoptimismus. Aber genau das alles sind Visionen nicht. Führungskräfte brauchen eine Vision und müssen jemand sein, die für andere diese Vision erkennen, erklären, vorleben und gestalten können. Eine Vision ist ein deutliches Bild davon, wie es um die derzeitige Situation steht, wie es weitergehen wird und wie eine Zukunft aussehen kann. Ursprünglich handelt es sich bei dem, was das Wort »Visionen« meint, um einen theologischen Begriff, der nichts mit Ideen, Wunschträumen und irgendwelchen Verrücktheiten zu tun hat. Auf Visionen stößt man in der Bibel immer wieder. Im Alten Testament sind sie ein Weg, auf dem Gott sich mitteilt. Durch Visionen werden Berufungen ausgesprochen, wie die von Mose, Jesaja und Jeremia. Die Propheten empfangen Visionen, die Botschaften an das Volk und an einzelne Menschen enthalten. Visionen sind Offenbarungen Gottes, Bilder, die deswegen wahr sind, weil sie von Gott kommen. Daran hat sich m. E. bis heute nichts geändert. Sie sind Menschen gegeben, die sie verstehen, erkennen und umsetzen können.

Visionen sind lebensnotwendig, denn:

- Visionen geben Kraft, sorgen für Energie und Verbindlichkeit und fördern die Hingabe, ohne zunächst die möglichen Kosten zu berücksichtigen.
- Visionen liefern Konkretisierung und schaffen Begeisterung.
- Visionen einigen Menschen auf ein gemeinsames Ziel, aber lassen eine große Vielfalt an Gestaltungsspielraum und Gabenentfaltung zu.

- Visionen empfehlen Handlungsweisen, aber erlauben Flexibilität bei der Art der Durchführung und Verwirklichung.
- Visionen bieten einen Blick über den Horizont.
- Visionen weisen auf konkrete Veränderungen hin, verlangen eine neue Denkweise und neue Formen der Umsetzung.
- Visionen helfen, klare Ziele zu setzen.
- Visionen geben die nötige Energie, um Hindernisse, Mutlosigkeit und Niedergeschlagenheit zu überwinden.
- Visionen schaffen ein Bewusstsein für die Notwendigkeit von Veränderungen.
- Visionen sind die Leitbilder für eine erstrebenswerte Zukunft. Der neue Himmel und die neue Erde sind ein Bild, die Vision Gottes für die Menschen, die als Christen auf Gottes neue Welt zuleben und so ihre Wirklichkeit schon heute auf dieses Bild hin gestalten.
- Visionen in einer Gemeinde sind immer auf die Möglichkeiten bezogen, über die eine Kirche oder Gemeinde verfügt. Sie enthalten eine positive Einschätzung der Realität, besondere und erreichbare Ziele, die der Mühe wert sind, und einen vertrauensvollen Umgang mit dem Evangelium.

Visionäre haben einen scharfen Blick für die Gegenwart und gleichzeitig den Mut, unbekanntes Land zu betreten.

Visionen oder visionäre Ziele werden nicht jedem Menschen im gleichen Maß gegeben. Es gibt visionäre Menschen, die ein starkes Empfinden für zukünftige Entwicklungen haben, und es gibt andere, die an dieser Stelle nicht in gleicher Weise begabt sind. Dass solche visionären Menschen gerne als Träumer und Spinner abgetan werden, liegt nahe, reden sie doch über eine Wirklichkeit, die nicht nur nicht da ist, sondern auch unerreichbar erscheint, vom Status quo aus betrachtet. Dabei waren es immer die großen Visionäre, die Entscheidendes in Bewegung gebracht haben. Martin Luther King war sicher solch ein Mensch. »Ich habe einen

Traum, dass eines Tages auf den roten Hügeln von Georgia die Söhne früherer Sklaven und die Söhne früherer Sklavenhalter miteinander am Tisch der Brüderlichkeit sitzen können ...«, hat er in einer berühmten Rede gesagt. Er hatte die Bilder vor Augen, die er dort beschreibt. Solche Menschen waren nie große und gewaltige Helden. Sie haben aber die Welt und das Leben vieler nachhaltig beeinflusst. Sie haben einen scharfen Blick für die Gegenwart und gleichzeitig den Mut, unbekanntes Land zu betreten.

In der Kirchengeschichte gab es immer wieder Männer und Frauen, die sich von Gott berufen wussten und letztlich diejenigen in Bewegung setzten, die festgefahrene Vorstellungen von der Zukunft hatten oder besser in der Vergangenheit gefangen waren und eben nichts bewegen wollten. Die Vision, die solche Menschen vermitteln, was immer sie auch sein mag, ist das Ideal, dem es zuzustreben gilt. So motiviert die Vision Menschen und setzt sie in Bewegung.

Wenn du wissen willst, welche Temperatur in deiner Organisation vorherrscht, dann steck das Thermometer in den Mund des Leiters.

Christliche Führungskräfte brauchen für ihre Arbeit und ihren Dienst Visionen. Die Gemeinde ist kein Selbstzweck, keine Firma oder sonst eine beliebige Organisation. Sie ist nach dem Neuen Testament der von Christus geschaffene Raum seiner Gegenwart. Die Gemeinde hat den Auftrag, das Evangelium von Jesus Christus weiterzusagen. Damit sie es angemessen, zeitgemäß und relevant tun kann, braucht sie immer wieder Menschen, die unter der Leitung Gottes die Gemeinde an neue Aufgaben heranführt und ihr hilft, den Herausforderungen der jeweiligen Zeit entsprechend zu begegnen. Rick Warren (»Kirche mit Vision«) sagt: »Wenn du wissen willst, welche Temperatur in deiner Organisation vorherrscht, dann steck das Thermometer in den Mund des Leiters.«

Die Frage ist nun: Wird man durch eine Vision zur Führungskraft, oder entwickelt eine Führungskraft die Vision? Ich glaube, dass zuerst die Vision kommt. Dafür sprechen für mich viele biblische Beispiele. Die Vision, dass das Volk Israel frei sein und das gelobte, von Gott versprochene Land bekommen sollte, gab es, bevor Mose berufen wurde. Mose wuchs erst allmählich in seine Aufgabe hinein. Aber er trug diese Vision mit sich, sie half ihm auf seinem Weg und machte ihn zur großen Führungspersönlichkeit seines Volkes. Viele Personen der Bibel geben ein Zeugnis davon, wie Visionen sie leiteten – die Propheten des Alten Testaments genauso wie die Jünger und Apostel im Neuen Testament. Das Reden vom Reich Gottes und dem Anbruch der damit verbundenen neuen Welt war die Vision Jesu. Sie bestimmte sein Handeln und war das Leitbild bei dem, was er sagte und tat. Sie half ihm, auch in schwierigen Situationen nie das Wesentliche aus den Augen zu verlieren. Auch und gerade als es auf Karfreitag zuging. Vom biblischen Zeugnis her bin ich überzeugt, dass eine Führungspersönlichkeit die Kraft zu führen verliert, wenn sie keine Visionen hat oder sie aus dem Blick verliert. Sie verwaltet dann nur noch, aber bringt nichts mehr nach vorne.

Nun kann niemand sagen, wie ein Leiter einer Gemeinde, wie Pastorinnen und Pastoren, Gruppenleiter und Mitarbeiterinnen und Mitarbeiter in der Gemeinde eine Vision erhalten. Kein Mensch kann einem anderen eine Vision geben. Ich möchte nachfolgend nur einige Schritte aufzeigen, die dazu führen können, eine Vision zu gewinnen.

1. Schritt: Der Blick nach innen

Kein Mensch kann einem anderen eine Vision geben. Sie muss von innen kommen. Eine Vision kann durch einen äußeren Impuls angestoßen werden. Der setzt aber nur das in Bewegung, was latent schon vorhanden war. Eine Vision beinhaltet eine innere Gewissheit, ein festes inneres Bild oder eine bestimmte Vorstellung. Der Blick nach innen ist der erste Schritt auf dem Weg zur Vision.

- Was lebt in Ihnen? Was fühlen Sie?
- Was versetzt Sie im Blick auf die Gegenwart in Unruhe?
- Welche tief verwurzelten Vorstellungen über die Zukunft Ihres Einflussbereiches tragen Sie in sich?
- Wofür würden Sie sich gerne engagieren?
- Was macht Sie unzufrieden mit dem Status quo?
- Welcher Traum lässt Sie innerlich nicht mehr los?

Alles Fragen, die man sich selbst stellen sollte. Sie helfen, die Vision zu entdecken und zur Entfaltung zu bringen. Visionen fangen meist klein und unscheinbar an. Aber wenn sie echt sind, werden sie zum Leitbild und zur Kraftquelle. Deshalb kann man auch visionäre Führungspersönlichkeiten von Phantasten unterscheiden. Ein Visionär redet wenig und tut viel. Beim Phantasten ist es genau umgekehrt. Ein Visionär schöpft seine Kraft aus seiner inneren Überzeugung und macht auch dann weiter, wenn es schwierig wird. Der Phantast hört auf, wenn die Probleme größer werden.

2. Schritt: Der Blick zurück

Menschen mit Erfahrung haben gelernt, dass Visionen nur dann tragen, wenn sie mit anderen geteilt werden.

Einmal gemachte Erfahrungen sind ein großer Schatz für jeden, der mit anderen Menschen zu tun hat und Menschen führen will. Menschen mit Erfahrung haben nämlich längst gelernt, dass Visionen nur dann tragen, wenn sie mit anderen geteilt werden. Dazu ist es allerdings wichtig, dass sie verständlich und nachvollziehbar vermittelt werden. Die meisten Menschen sind zunächst nicht bereit, den Visionen zu folgen, die andere ihnen vorstellen, denn sie haben ihre eigenen Bilder im Kopf und können sich nur schwer in dieses fremde Bild hineindenken. Was Menschen aber dann dazu bringt, sich doch mit aufzumachen, ist zunächst das Vertrauen, dass sie zu einer Führungskraft haben. Die Glaubwürdigkeit einer Vision hängt wesentlich davon ab. Dabei spielen aber eben auch Erfahrungen aus der Vergangenheit eine Rolle – die Erinnerung daran, dass es schon andere gemeinsame Schritte gab, die zu einem avisierten Ziel geführt haben. Das macht Mut, es noch einmal zu wagen. Dabei kommt es natürlich sehr darauf an, dass ein guter Zeitpunkt für die Präsentation der Vision gefunden wird und die Menschen dort abgeholt werden, wo sie gerade stehen. Gleichzeitig ist es wichtig, dass die Menschen erkennen, welchen Wert die Vision für alle besitzt.

3. Schritt: Der Blick ins Umfeld

Führungskräfte haben immer mit anderen Menschen zu tun. Dieses gilt besonders, wenn es um Visionen geht und darum, wie die Zukunft einer Gruppe, einer Gemeinde oder einer Organisation aussehen könnte.

- Womit sind andere Menschen beschäftigt? Wie sieht ihr Lebensumfeld aus?
- Wie viel Zeit, Kraft und Idealismus bringen sie ein?
- Wie leben die Menschen innerhalb der Gemeinde und wie leben Menschen außerhalb der Gemeinde? Welche Sorgen und Ängste haben sie?
- Worin bestehen die derzeitigen gesellschaftlichen Herausforderungen? Wie ist ihnen zu begegnen?

Umsicht ist ein wichtiger Faktor auf dem Weg zu einer Vision, denn sie fußt immer in der Gegenwart, von der aus sie ein Bild für eine mögliche Zukunft entwirft.

4. Schritt: Der Blick nach vorne

Für Menschen mit Führungsverantwortung ist es wichtig, den Blick über das Tagesgeschäft hinaus immer wieder nach vorne und über den Horizont zu wagen. Natürlich muss die Gegenwart gestaltet werden. Die vielen verschiedenen Aufgaben können aber leicht dazu führen, dass man sich immer mehr in Einzelheiten verliert und dabei die angestrebte Zukunft verblasst. Eine Hilfe können hier folgende Fragen sein:

- Was hat das, was wir gerade tun, mit dem zu tun, wohin wir wollen?
- Hilft uns die derzeitige Arbeit, die gesehene, erwünschte und vermittelte Zukunft zu erreichen?
- Was hindert uns, unterwegs zu bleiben?

Die täglichen Aufgaben müssen erledigt werden, und zwar so gut, wie nur eben möglich. Es muss aber immer klar sein, dass die augenblickliche Beschäftigung nur etwas Vorläufiges ist und noch nicht das Ziel.

5. Schritt: Der Blick nach oben

»Denn ohne mich könnt ihr nichts tun!«, hat Jesus seinen Jüngern gesagt (Johannes 15,5). Dieser Satz lädt ein dranzubleiben. Das ist die wichtigste Grundlage, um eine Vision für Menschen zu gewinnen, die in der Gemeinde arbeiten. Die Vision ist ein Bild von Gott, und nur wer sich dem stellt, nach dem Willen Gottes fragt und seine Perspektive erahnend kennt, kann letztlich eine visionäre Führungskraft sein. Die eigene Existenz vor Gott ist Basis und Ausgangspunkt für alles, was nun folgt. Dabei ist es für den einzelnen Menschen auch an dieser Stelle wichtig, immer wieder die Gemeinschaft mit anderen zu suchen.

6. Schritt: Der Blick nach rechts und links

Niemand kann eine Vision alleine umsetzen. Es sind viele menschliche und materielle Ressourcen dazu nötig. Deshalb muss jemand, der andere führen will, immer wieder Umsicht walten lassen, um zu sehen, was vorhanden ist. Damit ist noch einmal der Blick in die Gegenwart gewiesen. Hier spielt sich der nächste Schritt ab – mit den Menschen und den Möglichkeiten, die zur

Verfügung stehen. Übereinstimmung mit anderen ist wichtig. Davor haben leider viele leitende Menschen Angst. Was, wenn andere nicht mitmachen, anderer Meinung sind oder mich gar nicht verstehen? Es ist wichtig zu wissen, wo andere stehen und was noch zu sagen und zu tun ist, damit die Vision an Gestalt gewinnen kann.

Um eine Vision zu vermitteln, braucht man ...

1. ... eine **positive Sicht** für die Zukunft. Immer wieder muss von der Vision gesprochen und danach gehandelt werden. Wer eine Vision vermittelt, sollte auch spürbar selber an sie glauben und sein ganzes Handeln danach ausrichten.

2. ... eine **emotionale Ausdrucksweise**, die bei Menschen auch innerlich etwas in Gang setzt. Alles Erstrebenswerte im Leben von Menschen hat auch eine emotionale Seite, die ebenfalls angesprochen werden will.

3. ... eine **bildhafte Sprache und Beispiele**. Die meisten Menschen können sich dann etwas vorstellen, wenn sie Bilder vor Augen haben oder ihnen an Beispielen etwas verdeutlicht wird.

Mehr zum Thema Visionen und wie sie vermittelt werden habe ich in meinem Buch »Aufbrechen – verändern – gestalten. Auf dem Weg zu einer einladenden Gemeinde« geschrieben.

4.2. Auftrag und Aufgaben entfalten und klären

Die Gemeinde ist von Gott gewollt, von Christus eingesetzt und durch den Heiligen Geist lebendig. Sie hat einen Auftrag in dieser Welt. Damit verbinden sich bestimmte Aufgaben, die zu erfüllen sind, um ihrer Mission gerecht werden zu können. Festmachen kann man das an Apostelgeschichte 2: Damals kamen in der jungen Gemeinde Menschen zum Glauben an den auferstandenen Herrn, ließen sich taufen und wurden dadurch Angehörige der neuen Welt Gottes, die all das in sich trägt, wonach wir uns sehnen. Es bleibt aber auch der christlichen Gemeinde nicht erspart, dass im Lauf der Zeit immer mehr Aufgaben zu ihrem eigentlichen Auftrag hinzukommen, sodass von Zeit zu Zeit die Frage gestellt werden muss: Wozu sind wir eigentlich da? Hat man das neu geklärt, gilt es weiterzufragen: Was von dem, womit wir uns beschäftigen, hat mit unserem eigentlichen Auftrag und unseren ureigenen Aufgaben nichts mehr zu tun?

Der englische Wissenschaftler Cyril Northcote Parkinson (1909–1993) hat herausgefunden, dass eine Organisation im Lauf der Zeit immer mehr Aufgaben und Arbeit kreiert, die einzig dem Erhalt des Bestandes dienen. Schließlich stört das eigentliche Ziel der Organisation nur noch. Wer sich den Missionsbefehl Jesu in Matthäus 28,19.20 ansieht, erkennt, dass er aus zwei gleichen Teilen besteht: »**(19)** Darum geht hin und macht zu Jüngern alle Völker: Tauft sie auf den Namen des Vaters und des Sohnes und des heiligen Geistes, **(20)** und lehrt sie halten alles, was ich euch befohlen habe. Und siehe, ich bin bei euch alle Tage bis an der Welt Ende.« Der erste Teil ist Mission – »macht zu Jüngern«. Der zweite Teil ist Lehre – »lehrt sie halten«. Diese beiden Teile stehen gleichberechtigt nebeneinander und gehören ebenso zusammen. Mission richtet sich nach außen. Der ganze Aspekt der Lehre richtet sich nach innen.

Was von dem, womit wir uns beschäftigen, hat mit unserem eigentlichen Auftrag und unseren ureigenen Aufgaben nichts mehr zu tun?

Nun gelten die Beobachtungen von Parkinson, die er in Behörden und Verwaltungen gemacht hat, auch in gewisser Weise für die Gemeinde. Im Lauf der Kirchengeschichte, aber vor allem in der Entwicklung einzelner Ortsgemeinden hat sich das Verhältnis zwischen »macht zu Jüngern« und »lehrt sie halten« eindeutig in Richtung Lehre verschoben. Die Mission ist dabei immer weiter in den Hintergrund getreten und manchmal sogar ganz verschwunden.

Führungskräfte haben die Aufgabe, und das gilt für jede Organisation, immer wieder auf den Auftrag aufmerksam zu machen. Führungskräfte leiten kreative Prozesse ein, bei denen die Frage »Wozu sind wir eigentlich da?« zum Motor und Antrieb wird. Natürlich bedeutet das für eine christliche Gemeinde, auch immer wieder den Blick auf die Mission zu richten. »Geht hin in alle Welt«, hat Jesus gesagt. Dieser Auftrag an die Jünger gilt bis zum heutigen Tag. Dieses Hingehen sieht aber heute anders aus als damals und muss entsprechend neu beschrieben und gestaltet werden.

Führungskräfte haben die Aufgabe, immer wieder auf den Auftrag aufmerksam zu machen.

Es gilt also, nach neuen Wegen zu suchen, um das Evangelium den Menschen glaubhaft und relevant sagen zu können. Gleichzeitig müssen wir aber auch alles dafür tun, um das Bewahrenswerte zu bewahren. Nicht alles Neue ist automatisch auch gut und richtig für die jeweilige Situation einer Gemeinde. Alles Alte und Traditionelle aber auch nicht. Wer vom Auftrag und den Aufgaben her denkt, wird auch immer wieder versuchen, beides im Blick zu behalten: Gutes zu bewahren und Neues zu initiieren.

Auch darin unterscheiden sich wieder Manager von Führungskräften. Beim Führen geht es darum, neue Wege zu suchen und zu finden, Traditionen mit neuen Werten zu versehen. Das Management zielt in erster Linie darauf ab, den Status quo zu verwalten. Gute Führung muss immer anpassungsfähig und kreativ sein. Führungskräfte behalten den Horizont im Blick, sie sehen weiter, sie haben ein Ziel vor Augen. Dass Verwaltung und Management wichtige Teile einer Organisation sind, bleibt davon unberührt. Natürlich muss es Menschen geben, die auch auf die Zahlen achten. Aber es ist eine gut belegte Tatsache, dass Organisationen oder Gemeinden im Abwärtstrend meist überverwaltet und gleichzeitig schlecht geführt sind. Man könnte auch zugespitzt formulieren: Die einen beschäftigen sich mit Strukturen und deren Kontrolle, die anderen mit Menschen und vertrauensvollen Beziehungen. Natürlich können beide Seiten nicht scharf voneinander getrennt werden. Es soll aber an dieser Stelle deutlich werden, dass Führung eben bedeutet, mehr zu sehen als nur das Hier und Jetzt und dabei auch die Frage zu stellen, ob das, was heute getan wird, dem entspricht, was man sein soll und in Zukunft auch werden will.

Zur weiteren Klärung noch einige Fragen, die man aber gerne jederzeit, auch den eigenen Umständen entsprechend, ausweiten und umformulieren kann:

- Was ist der eigentliche Auftrag unserer Organisation/Gemeinde?
- Warum muss es uns hier und heute geben?
- Welche Gruppen, Dienstleistungen, Arbeitskreise, Veranstaltungen usw. gibt es in unserer Gemeinde?
- Welche Mitarbeiter machen was, wie oft, seit wann usw.?
- Welche unserer Aufgaben stehen in keinem Zusammenhang mit unserem Auftrag?
- Was müssen wir tun, um unserem Auftrag besser, neu, anders usw. nachkommen zu können?
- Welchen bestehenden Aufgaben müssen wir größere Priorität geben, welche ändern, welche beenden?
- Wie viel Prozent unserer Gesamtaktivitäten richten sich nach innen, wie viel Prozent nach außen?
- Welche neuen Mitarbeiter brauchen wir?

4.3. Werte etablieren und wiederbeleben

Jede Organisation lebt von ihren Grundwerten. Werte sind feste Prinzipien, die nicht zur Verhandlung stehen. Sie helfen, Entscheidungen zu treffen, und bilden einen Rahmen, in dem gearbeitet werden kann. Werte drücken aus, was einer Organisation und den Menschen in ihr wirklich wichtig ist. Werte haben eine unmittelbare Auswirkung auf die Arbeit und die Umsetzung von Aufgaben. Sie beflügeln und sind der Ankerpunkt für die Motivation zum Dienst.

Werte sind für das Leben einer Organisation entsprechend wichtig, denn ...

1. sie vermitteln die Hauptanliegen einer Organisation, einer Gemeinde und was ihr wichtig ist,
2. sie beeinflussen das allgemeine Verhalten und den Umgang miteinander und mit anderen,
3. sie stärken eine glaubwürdige Führung, denn wie es der Leitung ergeht, ergeht es auch der Organisation,
4. sie spiegeln wichtige biblische Lehren und Grundsätze wider,
5. sie unterscheiden eine Organisation oder Gemeinde von anderen Gruppierungen,
6. sie bestimmen, wie sich Visionen weiterentwickeln,
7. sie bringen Menschen in Bewegung, schaffen Gemeinschaft zwischen unterschiedlichen Volksgruppen, Charaktertypen, Subprojekten,
8. sie prägen die Ausrichtung von Gemeindediensten,
9. sie schaffen ein Raster für die Bewertung von Möglichkeiten und Alternativen.

Erfolgreiche Führungskräfte kennen die Bedeutung von Werten und können mit Werten umgehen.

- Sie artikulieren klar und deutlich die Werte für die gesamte Organisation.
- Sie reflektieren diese Werte kontinuierlich, um sicher zu gehen, dass sie angemessen sind.
- Sie verkörpern diese Werte in ihrem eigenen Verhalten.
- Sie ermutigen andere, diese Werte in ihren eigenen Entscheidungen und Handlungen anzuwenden.
- Sie schreiten unverzüglich und direkt ein, wo Widerstand oder Unkenntnis bezüglich dieser Werte sichtbar werden.

Führungspersönlichkeiten wissen, wie wichtig es ist, die Werte in ihrer Organisation, in unserem Fall in der jeweiligen Gemeinde, lebendig zu erhalten. Hier zunächst einige Fragen, die helfen sollen, die Werte der eigenen Gemeinde zu erkennen. Dabei gibt es sicher Grundwerte, die das Fundament jeder christlichen Kirche und Gemeinde bilden. Darüber hinaus hat aber auch jede einzelne Gemeinde nochmals Werte, die aus der Geschichte, dem Umfeld, den aktuellen Herausforderungen usw. erwachsen können. Deshalb gilt es zu fragen:

- Was ist nach unserer Überzeugung das Wesentliche für unsere Gemeinde?
- Welche derzeitigen Werte bestimmen unser Gemeindeleben und das Zusammenleben der Menschen?
- Welche Werte wünschen wir uns für unsere Gemeinde?

Eine gute Führungspersönlichkeit wird diese Fragen nie alleine beantworten, sondern immer mit anderen zusammen Antworten formulieren. Gemeindeleitungen, Arbeitskreise oder bestimmte Gruppen sollten diese Werte auf jeden Fall schriftlich fixieren. In einer Gemeinde ist es wichtig, die formulierten Werte auch der Gesamtgemeinde vorzustellen und dadurch Transparenz zu schaffen. Dabei muss nicht gleich die erste Version die letzte sein.

Gemeindeleitungen, Arbeitskreise oder bestimmte Gruppen sollten diese Werte auf jeden Fall schriftlich fixieren.

Mit der Frage nach den Grundwerten kann man sich eine ganze Weile beschäftigen. Es wird dabei immer wieder zu Umformulierungen kommen, bis dann die letzte Fassung vorliegt. Damit die Werte nun auch von vielen verstanden und behalten werden, sollte man fünf, aber nicht mehr als zehn Grundwerte beschreiben.

- Welche der genannten Werte sind unabdingbar, um die Gemeinde erfolgreich in die Zukunft zu geleiten?

- Wie wirken sich diese Werte auf das derzeitige Gemeindeleben aus?
- Wo stehen Handlungen, Arbeitsweisen, Abläufe usw. im Gegensatz zu den Aussagen der Werte?
- Was muss in nächster Zeit geändert werden, damit diese Werte nicht schnell wieder im Alltagsleben untergehen?

Biblische Wertesysteme gibt es viele. Die Zehn Gebote, die Bergpredigt, manche Aussagen in den neutestamentlichen Briefen vermitteln Grundwerte und sind Orientierungsmaßstäbe für das Handeln der Christen. Daran lassen sich die eigene Glaubwürdigkeit und das ehrliche Bemühen messen, auf dem richtigen Weg zu sein. Deshalb sollte man die gefundenen Werte in der Gemeinde noch einem kleinen Test unterziehen.

- Sind die Werte biblisch, und stehen sie im Einklang mit biblischen Prinzipien?
- Wecken sie in den Menschen eine Leidenschaft für ihre Aufgaben?
- Werden sie von der Mehrheit der Gemeindemitglieder geteilt?
- Sind sie nachvollziehbar und dauerhaft?
- Lassen sich diese Werte für alle klar formulieren?
- Sind diese Werte in sich stimmig, stehen sie auch in Einklang mit der Geschichte und Tradition?
- Sind diese Werte umsetzbar, auch im persönlichen Leben des Einzelnen?

Werte bilden nicht nur die Grundlagen einer Organisation – sie brauchen auch bestimmte Formen, um gelebt werden zu können. Der Grundwert einer Kirchengemeinde, sozialdiakonisch zu sein, muss sich nun in unterschiedlichen Projekten und Lebensformen ausdrücken. Dabei gilt: Grundwerte sind unveränderlich, ihre Formen aber durchaus veränderbar. Soziales Engagement kann zu unterschiedlichen Zeiten sehr unterschiedlich aussehen. Das lehrt uns nicht nur die Geschichte, sondern ergibt sich auch durch modische Veränderungen, neue Möglichkeiten und technische Erfindungen, neu gewonnene wissenschaftliche Erkenntnisse, politische Umschwünge etc. Grundwerte bleiben, die Formen verändern sich immer wieder.

An Werte muss immer wieder erinnert werden, um sie lebendig zu erhalten. Sonst verflüchtigen sie sich. Hier setzt Führungsverantwortung ein. Wer fragt: »Wozu sind wir eigentlich da?«, muss ebenso fragen: »Was sind die Grundlagen unseres Handelns?« oder »Nach welchen Werten richten wir uns aus?« Wenn das nicht immer wieder geschieht, stellt man erstaunt fest, dass die Ausdrucksformen selbst immer mehr als Grundwerte betrachtet werden. Weil man sich an die eigentlichen Werte nicht mehr erinnern kann, nehmen die bis dahin durchaus veränderbaren Ausdrucksformen ihren Platz ein. Man kennt den Grund nicht mehr, aber alle machen weiter wie bisher.

Grundwerte bleiben, die Formen verändern sich immer wieder.

An dieser Stelle möchte ich ein Beispiel anführen, das sehr anschaulich verdeutlicht, was passiert bzw. nicht passiert, wenn Werte nicht gepflegt und im Leben der Gemeinde lebendig gehalten werden. Es geht in diesem Beispiel um die Frage nach der Gottesdienstzeit. Wann muss ein Gottesdienst beginnen? In den meisten Gemeinden fängt der Gottesdienst um halb zehn oder zehn Uhr an. Als in einer mir bekannten Gemeinde einmal darüber gesprochen wurde, ob es nicht besser wäre, den Gottesdienst auf eine weitaus spätere Zeit zu verlegen, was den Lebensgewohnheiten der Menschen in einer Großstadt eher entsprechen würde, kam es für manche einem Sakrileg gleich, den Zehn-Uhr-Termin in Frage zu stellen. Im Gesamt-Mitarbeiterkreis der Gemeinde fragte dann jemand, ob eigentlich bekannt sei, warum der Gottesdienst um zehn Uhr beginne. Niemand wusste Bescheid. Das bedeutete also, der Gottesdienst sollte auch weiterhin um zehn Uhr stattfinden, ohne dass jemand den Grund dafür kannte, außer vielleicht der Tatsache, dass es ja scheinbar immer schon so war.

Schließlich erklärte der Sitzungsleiter: »Der Gottesdienst beginnt wegen der Bauern um zehn Uhr. Denn die Bauern müssen auch sonntags das Vieh versorgen. Ein Bauer steht sehr früh auf, muss den Stall fertig machen, die Kühe melken, die Hühner füttern usw. Wenn der Bauer damit fertig ist, ist es Zeit, zum Gottesdienst zu gehen, und das war in der Regel um halb zehn. Wenn also die Bauern der Grund für unsere Gottesdienstzeit sind und wir sie verlegen wollen, sollten wir doch die Bauern unter uns fragen, wie sie das sehen. Auch in der Landwirtschaft ist die Technik eingezogen, vielleicht ist es ja möglich, den Gottesdienstbeginn zu verlegen. Die Bauern sollen also entscheiden.«

Im Mitarbeiterkreis herrschte etwas belustigte Ratlosigkeit. »Wieso die Bauern fragen? Es gibt keine Bauern in unserer Gemeinde, es hat noch nie Bauern bei uns gegeben.« Die Schrebergärtner erklärten ihrerseits, für sie wäre es kein Problem, sie seien ja doch eher samstags im Garten. »Wäre es dann nicht längst dran, die Gottesdienstzeit nicht mehr an den Bauern zu orientieren, sondern vielleicht eher an den Lebensgewohnheiten der Menschen in unserer Stadt? Die stehen eher so gegen zehn oder halb elf auf. Manche kombinieren dann Frühstück und Mittagessen, und anschließend könnte man zum Gottesdienst gehen. Ob halb zwölf nicht eine gute Zeit wäre?«

Soweit ich weiß, ist man bei der Diskussion in dieser Gemeinde noch nicht viel weitergekommen, obwohl viele in der Gemeinde signalisiert haben sollen, dass sie auch für sich eine spätere Zeit als durchaus angenehm ansehen würden. Grundwert ist eigentlich der Gottesdienst mit seinen Inhalten und seiner Aufgabenstellung. Man könnte vielleicht so formulieren: »Wir feiern Gottesdienst, damit Gott die Ehre gegeben wird, die Menschen im Glauben vergewissert werden und andere zum Glauben finden können.« Dieser Grundwert gilt für jeden Gottesdienst, egal zu welcher Zeit er nun gefeiert wird. Wenn man das aber aus den Augen verloren hat, muss die Form zum Wert werden: 10.00 Uhr Gottesdienstbeginn, auf jeden Fall mit Orgel, nur Choräle und natürlich eine bestimmte Liturgie ... Alles schöne und wichtige Dinge. Vielleicht wäre es aber längst an der Zeit, darüber nachzudenken, ob sich mit diesen oder anderen gottesdienstlichen Ausdrucksformen noch die eigenen Werte umsetzen lassen. Vielleicht müsste man längst etwas ändern.

Um unseren Werten zu neuem Leben zu verhelfen, ist echte Führungsarbeit gefragt.

Um unseren Werten zu neuem Leben zu verhelfen, ist echte Führungsarbeit gefragt. Zunächst gilt es, alle wieder daran zu erinnern, warum man Gottesdienst feiert, was man erreichen und vor allem, wen man erreichen will. Dann ist es wichtig, dass alle – fast alle – Ja dazu sagen können und diese Werte anerkennen. Wenn das geschehen ist, kann man auch wieder über Formen nachdenken, die dem Anliegen in der heutigen Zeit Rechnung tragen. Eine Veränderung ist dann immer noch schwer genug, aber jetzt auch wieder möglich.

Für eine Gemeinde gilt es, die wirklich grundlegenden Werte neu zu entdecken und alle Formen danach zu befragen, ob sie noch dem modernen Leben entsprechen.

Für eine Gemeinde gilt es, die wirklich grundlegenden Werte neu zu entdecken und alle Formen danach zu befragen, ob sie noch dem modernen Leben entsprechen. Was nützt uns die beste Form, wenn sie nicht mehr verstanden wird? Es kann auch sein, dass eine Form wieder mit Leben gefüllt wird, aber dann in einer für Menschen nachvollziehbaren Weise.

- **Grundwerte sind zeitlos**, sie gelten immer, sie sind unveränderbar und nicht verhandelbar. Die Grundwerte einer Gemeinde müssen biblisch fundiert sein. Sie beschreiben Prinzipien für den Dienst Einzelner und einer ganzen Gemeinde. Sie geben der Gemeinde den Auftrag, sie helfen, Ziele zu finden, sie bieten Sinn und Zweck.

- **Ausdrucksformen oder auch Traditionen sind zeitlich begrenzt.** Sie sind in einer bestimmten Zeit entstanden. Solche Traditionen sind wandelbar und auch verhandelbar. Sie haben in erster Linie etwas mit der Kultur zu tun, auf der sie beruhen. Es sind Methoden. Sie stehen allen Gemeinden zur Auswahl frei. Sie helfen, die Aufgabe der Gemeinde zu erfüllen.

Menschen mit Leitungs- und Führungsverantwortung in der Gemeinde haben die konstante Aufgabe, diesen Prozess zwischen Werten und Formen zu formulieren, einzuleiten und zu begleiten.

4.4. Veränderungen durchführen und Strategien entwerfen

Eine der Hauptaufgaben von Führungskräften ist, Veränderungen durchzuführen. Man könnte sogar sagen, dass Menschen mit Leitungsverantwortung für Veränderungen leben. Daran lassen sich letzten Endes sogar Führungspersönlichkeiten von Verwaltern unterscheiden. Verwalter sind Menschen, die versuchen, aus dem Bestehenden das Beste zu machen.

Gut, dass es solche Menschen gibt. Je besser sie sind, desto mehr werden sie auch den Blick nach vorne richten – und sich damit immer mehr zur Führungskraft entwickeln. Solche Menschen haben einen scharfen Blick für das, was gerade geschieht. Sie können aus den gegenwärtigen Verhältnissen und zurückliegenden Erfahrungen Linien in eine zu erwartende Zukunft ziehen und erahnen, was einmal sein wird bzw. werden kann.

> ***Eines Tages wird es keine Veränderungen mehr geben – aber solange wir dieser Welt angehören, gehört der kontinuierliche Wandel zu unserem Leben.***

Menschen mit der Begabung und Fähigkeit, andere zu führen, haben zutiefst verstanden, was der Prophet Hesekiel sagt: »Denn nichts bleibt, wie es ist, sondern was hoch ist, soll erniedrigt werden, und was niedrig ist, soll erhöht werden« (Hesekiel 21,31b). Der Apostel Paulus spricht im Römerbrief von der Vergänglichkeit der Schöpfung, aber er sieht auch das, was kommen wird: »Auch die Schöpfung wird frei werden von der Knechtschaft der Vergänglichkeit zu der herrlichen Freiheit der Kinder Gottes« (Römer 8,21). Eines Tages wird es keine Veränderungen mehr geben – aber solange wir dieser Welt angehören, gehört der kontinuierliche Wandel zu unserem Leben.

Veränderungen zu gestalten ist deswegen eine der Hauptaufgaben von Führungspersönlichkeiten.

Es ist geradezu fatal, wenn Menschen alles so lassen wollen, wie es ist, weil sie meinen, das wäre geradezu ein Zeichen von Glaubensstärke und Treue. Sie tun alles, um den Status quo durch Umbruchzeiten hindurchzuretten. Veränderungen ereignen sich jeden Tag und jeden Augenblick. Man kann ihnen nicht ausweichen. Die Frage ist nur, ob wir sie als Bedrohung oder als Chance begreifen.

- Stellen wir uns den Herausforderungen, die Veränderungen mit sich bringen, oder weichen wir ihnen aus?
- Begreifen wir diesen Prozess als eine Gelegenheit, auch Neues zu lernen, auszuprobieren und damit die Zukunft mitzugestalten? Oder wehren wir alles Neue ab?
- Nehmen wir gestaltend Einfluss auf Veränderungsprozesse (aktiv), oder lassen wir die Veränderung über uns ergehen (passiv)?

Was bleibt, ist nach der Bibel längst entschieden: »Du hast vorzeiten die Erde gegründet, und die Himmel sind deiner Hände Werk. Sie werden vergehen, du (Gott) aber bleibst« (Psalm 102,26). Und Jesus sagt: »Himmel und Erde werden vergehen; aber meine Worte werden nicht vergehen« (Matthäus 24,35). Alles andere unterliegt dem Wandel.

Veränderungen zu gestalten ist deswegen eine der Hauptaufgaben von Führungspersönlichkeiten.

Veränderungsprozesse müssen vorbereitet werden

- Die Menschen, die an ihnen beteiligt oder von ihnen betroffen sind, brauchen umfassende Informationen.
- Um Sicherheit zu gewinnen, müssen sie unterstützt, begleitet und ermutigt werden.
- Die angestrebten Ziele müssen immer wieder vermittelt werden.
- Veränderungen müssen Werte respektieren und die Würde aller im Blick haben, die am Veränderungsprozess beteiligt sind.

Ein Mensch, der Ja zum Leben und Ja zu anderen Menschen sagen kann, wird auch Veränderungen positiv gestalten können und sie als Chance für sich und andere begreifen. Ein Mensch, der Ja zu Gott gesagt hat, wird im Vertrauen auf ihn mutig Schritte wagen, denn die Zukunft ist dann immer Gottes Zukunft.

Wer Veränderungen in Gang setzen will, sollte dabei aktiv in **vier Stufen** vorgehen. Diese Stufen muss eine Führungskraft kennen und gleichzeitig erkennen, auf welcher Stufe man gerade steht und welche als nächstes zu nehmen ist.

- **Die erste Stufe** besteht darin, zu erkennen, dass Veränderung notwendig und anderes möglich ist. Der Wunsch nach Veränderung kann durch neue Fakten oder Beispiele und Anregungen von anderer Seite ausgelöst werden. Er kann aber auch durch die Einsicht entstanden sein, dass bisher Bewährtes nicht mehr trägt.
- **Die zweite Stufe** besteht darin, die innere Einstellung zu verändern. Die innere Einstellung ist emotional geprägt. Sie unterliegt positiven oder negativen Aspekten. Gemachte Erfahrungen und Gruppenzwänge spielen eine wesentliche Rolle.

- **Die dritte Stufe** besteht darin, das persönliche Verhalten zu verändern. Angewohnheiten, Bequemlichkeit, Angst vor dem Neuen oder vor der Meinung anderer usw. bestimmten unsere Bereitschaft und Fähigkeit, Veränderung im eigenen Leben zuzulassen.

- **Die vierte Stufe** besteht darin, die Struktur bzw. die Abläufe in einer Organisation, auch in der Gemeinde, zu verändern. Das ist die schwierigste Stufe. Dazu möchte ich nachfolgend einige kurze Hinweise geben, die natürlich der Interpretation in einer jeweiligen konkreten Situation bedürfen.

Der erste Schritt zur Gestaltung von Veränderungsprozessen ist die Frage nach dem Standort. Eine **Standortbestimmung** ist in der Gemeinde nie die Aufgabe eines Einzelnen. Sie sollte nach Möglichkeit im Gesamtmitarbeiterkreis, in der Gemeindeleitung und in der Gemeindeversammlung durchgeführt werden.

Dabei kommt es auf eine gute Moderation an. Sollte dazu niemand in der Lage sein, muss man sich manchmal die Fertigkeiten eines guten Moderators von außen »einkaufen«. Alle Antworten, die aus der Gruppe kommen, müssen für alle sichtbar visualisiert werden (Flipchart, Overheadprojektor, Tafel usw.).

Am Anfang steht nur eine kurze Einführung zu dem, was nun geschehen soll (keine langen Monologe): »Es geht um Standortbestimmung, also um die Frage: Wo stehen wir als Gemeinde?«

Dann geht es darum, anhand einer bestimmten Fragestellung die Mitarbeiterinnen und Mitarbeiter dort abzuholen, wo sie stehen. Folgende Schritte können dabei hilfreich sein:

1. Der Einstieg geschieht immer mit einer positiven Fragestellung:

- Was ist bei uns gut gelaufen?
- Was können wir gut?
- Was sind die Stärken unserer Gemeinde?
- An welche gelungenen Aktionen, Schritte u. a. können wir uns erinnern?

Mit der Frage nach den Stärken setzen wir einen Prozess in Gang, der den Teilnehmerinnen und Teilnehmern ein positives Bild der Gemeinde oder der Gruppe vermittelt. Dabei ist es wichtig, die Menschen zu loben, die eine Sache gut gemacht haben, und nicht die Sache, die gut ist.

2. Ein nächster Schritt fragt an den positiven Merkmalen entlang, was zu verbessern, fortzuführen, zu verstärken ist. Dabei ist es wichtig, die Menschen zu motivieren, es noch besser zu machen, und damit positive und erstrebenswerte Ziele zu setzen.

3. Erst jetzt kommt die Frage nach den Schwächen bzw. nach dem, was nicht gut gelaufen ist oder gut läuft:

- Was ist uns in letzter Zeit misslungen?
- Was können wir nicht gut?
- Wo haben wir eindeutige Schwächen?

Dabei ist es wichtig, dass keine Antwort diskutiert wird, auch keine Rechtfertigungen zugelassen werden. Jede Diskussion über einen einzelnen Punkt tötet sofort den Prozess.

4. Jetzt ist es wichtig, sachliche Kriterien zu finden, warum etwas schief gegangen ist oder eben nicht so gut läuft. Hier ist immer die Sache Gegenstand der Kritik und nicht der Mensch.

Die Standortanalyse sollte dann in einem weiteren Durchgang nach außen fortgesetzt werden:

- Wie ist das Umfeld der Gemeinde, welche besonderen Merkmale gibt es?
- Welche soziale Struktur ist bestimmend?
- Wie ist das allgemeine Lebensgefühl der Menschen?

Hilfreich sind die sogenannte SWOT-Analyse oder auch eine umfassende Befragung der Mitarbeiter. Zur Frage der Standortanalyse und der daraus folgenden Zielfindung gibt es umfangreiche Literatur (siehe Literaturliste).

Ist nun die Standortanalyse durchgeführt, gilt es, **neue Ziele zu finden**. Dabei ist es wichtig, auf dem Hintergrund der Stärken Zieldefinitionen vorzunehmen. Wir bekämpfen nicht unsere Schwächen, sondern wir fördern unsere Stärken. Auf diesem Weg werden viele Schwächen einer Gemeinde und einzelner Menschen vermindert. Zielfindung ist immer ein Prozess, an dem alle beteiligt sind. Dabei müssen Ziele so konkret und eindeutig sein wie möglich. Wenn z. B. als Ziel »mehr Gemeinschaft« genannt und festgelegt wird, dann ist es gleichzeitig die Aufgabe, zu definieren, was das bedeutet. Mehr Gemeinschaft bedeutet z. B., als Gemeinde einmal im Quartal einen Gemeindenachmittag zu veranstalten, zu dem Nachbarn, Freunde, Arbeitskolleginnen und -kollegen eingeladen werden usw. Dieser Gemeindenachmittag soll folgende Elemente enthalten (konkret benennen!) und wird von folgenden Personen vorbereitet und verantwortet (konkret benennen!).

Wir bekämpfen nicht unsere Schwächen, sondern wir fördern unsere Stärken.

Ziele, die nicht klar und messbar sind, bleiben Wunschträume. Große Ziele müssen in kleine Teilziele umgesetzt werden. Da aber jeder eigene Bilder und Vorstellungen im Kopf hat, müssen Ziele für alle nachvollziehbar festgelegt werden. Denn nur wenn die Ziele klar sind, wissen alle, um was es geht, und können an unterschiedlichen Stellen, mit unterschiedlichen Aufgaben und gemäß den eigenen Begabungen am gleichen Ziel arbeiten. Ziele findet eine Gemeinde auf dem Hintergrund der eigenen Möglichkeiten (Stärken, Begabungen) und einer klaren Sicht für das Umfeld der Gemeinde (Lebensumfeld, soziale Schwerpunkte, Altersstruktur u.a.m.). Zielfindungen sollten einen breiten Raum einnehmen. Auch hier ist es wichtig, zunächst Ideen zu entwickeln (»Spinnstunde«, Brainstorming, Visionen ...) und dann zu diskutieren. Ist ein Ziel gefunden, müssen alle, die an diesem Prozess teilgenommen haben, sich auch mit diesem Ziel identifizieren können.

Als Nächstes muss die Frage gestellt werden, welche **Hindernisse** es erschweren könnten, das gesteckte Ziel zu erreichen. Dabei ist es wichtig, im Inneren der Gemeinde anzufangen:

- Was muss besonders gefördert werden?
- Welche Personen, Gruppen, Arbeitskreise rücken in den Mittelpunkt?
- Was müssen wir beenden?
- Welche Strukturen sind lebensfern oder inhaltsleer geworden?
- Welche Grenzen sehen wir?
- Welche Grenzen können verändert werden?
- Welche Grenzen müssen akzeptiert werden?

Auf dem Hintergrund dieser Analyse gilt es nun, neue Wege zu finden. Die gangbaren Wege können sehr unterschiedlich aussehen, denn wenn ein Standort bestimmt und ein Ziel definiert ist, sind eigentlich alle Wege richtig. Leider wird in Gemeinden oft viel Kraft vergeudet, weil man über »falsche« und »richtige« Wege diskutiert. Das ist aber immer ein Zeichen dafür, dass keine Ziele vorhanden sind.

Nun setzt der eigentliche Veränderungsprozess ein. Damit er gelingen kann, muss jeder, der von diesem Veränderungsprozess betroffen ist, vorab gut über alle Schritte informiert sein. Offenheit und Ehrlichkeit sind bei Veränderungen unabdingbar. Alle sollen Gelegenheit bekommen, ihre Hoffnungen, aber auch ihre Ängste auszudrücken. Gerade die »Gegner« von Veränderungen dürfen nicht in eine Ecke gedrängt oder gar als Klein- und Ungläubige bezeichnet werden. Die Gemeinde braucht Beweger und Bewahrer, Menschen, die nach vorne denken und Neues wagen können, und Menschen, die zur Vorsicht mahnen, Bewährtes nicht zu schnell aufzugeben und nicht rücksichtslos zu sein. Die Vorbereitungsphase muss durch viele Gespräche in Gruppen, Gremien und mit Einzelpersonen gekennzeichnet sein. Alle sind zu hören, alle Beiträge sind wichtig. Dabei ist die Tatsache, dass alle zu Wort kommen, oft wichtiger, als das, was die Einzelnen sagen.

Die Gemeinde braucht Beweger und Bewahrer, Menschen, die nach vorne denken und Neues wagen können, und Menschen, die zur Vorsicht mahnen, Bewährtes nicht zu schnell aufzugeben und nicht rücksichtslos zu sein.

Es müssen aber auch Entscheidungen getroffen werden. Dabei ist Einstimmigkeit nicht das höchste Ziel, sondern eine eindeutige und erkennbare Mehrheit, denn die meisten Menschen müssen erst einmal sehen, dass etwas geschieht. Der Mensch sieht eben, was vor Augen ist, und kann oft mit Bildern einer noch so gut vermittelten Vision schwer umgehen.

Als Nächstes muss für alle ein Punkt gefunden werden, an dem und ab dem das Neue (ein nächster Schritt zum Ziel) implementiert wird. Dieser Punkt sollte so liegen, dass genügend Zeit bleibt, alles gut vorzubereiten. Saubere und klare Informationen sind wichtig. Auch hier gilt, dass Bilder und Beispiele für die anstehenden Veränderungen entscheidend sind. Deshalb muss alles, was gesagt wird und getan werden soll, gut visualisiert werden. Das ist zuerst die Aufgabe von Führungskräften.

Wer Veränderungen will, muss damit rechnen, dass Unruhe entsteht. Hoffnungen und Ängste im Blick auf das Neue wechseln miteinander ab. Mut und Angst vor dem Versagen bestimmen wechselseitig das Gemeindeleben. Es gibt auch immer Einzelne, die sich so verschließen, dass sie in eine innere oder tatsächliche Emigration gehen. Dabei muss man wissen, dass es in der Vorbereitung zu Veränderungen einen Punkt gibt, an dem der Prozess nicht mehr aufzuhalten ist, sondern kommen muss.

Ist die Veränderung implementiert, sind alle Hoffnungen der Leitung darauf konzentriert, dass es nun »aufwärts« geht. In Wirklichkeit geht es aber zunächst »bergab«. Das liegt daran, dass das Neue noch keinen festen Platz im Leben der Gemeinde und der einzelnen Gemeindemitglieder hat. Neues muss gelernt werden, und das braucht immer Zeit. Es braucht aber auch sehr viel Begleitung und Ermutigung. Nur dann wird die »Abwärtsbewegung« zum Stillstand kommen. Erst dann geht es wieder »aufwärts«, auch in den neuen Bereich hinein, den die Veränderung ja erschließen sollte. Die meisten Menschen fühlen sich bei jeder Art von Veränderung zunächst einmal unwohl. Fühlen sie sich nicht unwohl, kann man davon ausgehen, dass das vermeintlich Neue für die Menschen nichts Neues ist.

Wer Veränderungen will, muss damit rechnen, dass Unruhe entsteht.

Wenn wir Menschen etwas Neues beginnen, fängt das Neue meist damit an, dass wir etwas Altes aufgeben müssen. Daher rühren auch die »Abwärtsbewegung« und die Unruhe im Veränderungsprozess. Die meisten Menschen achten mehr darauf, was sie aufgeben, und weniger auf das, was sie bekommen. Die im Veränderungsprozess Verantwortlichen reden viel über das Neue und den Gewinn, der daraus entsteht. In dieser Phase wollen das aber die meisten gar nicht hören. Es zählt das, was aufgegeben wird. Darüber klagen die Menschen und sind deswegen nicht für das Neue aufgeschlossen. Es ist wichtig, Gelegenheit zu geben, über das reden zu können, was aufgegeben wird. Mit dem Neuen erleiden viele einen Verlust. Dieser Verlust muss bedacht und betrauert werden. Dazu braucht es Zeit und viel Gelegenheit zum Reden – miteinander und nicht übereinander.

Im Veränderungsprozess dürfen die Menschen sich nicht alleingelassen fühlen. Es muss ständig Rückhalt und Sicherheit vermittelt werden. Deswegen sind bei Veränderungen, gerade in der Gemeinde, Treffen wichtig, bei denen immer wieder Standortbestimmungen vorgenommen und die Ziele bestätigt werden. Man kommt zusammen, man kann einander helfen. Menschen fühlen sich bei Veränderungen oft allein. Interaktion ist wichtig.

Im Veränderungsprozess dürfen die Menschen sich nicht alleingelassen fühlen.

Es dürfen in einer Gemeinde nicht zu viele Veränderungen gleichzeitig durchgeführt werden. Um Leute zu mobilisieren, müssen die Aufgaben überschaubar sein. Wenn ein Mensch sich zuviel vornimmt, wenn eine Gemeinde sich zuviel vornimmt, wird irgendwann die Kraft nicht ausreichen. Man darf nicht alles auf einmal verändern. Deshalb müssen Veränderungen geplant werden. Zwischenziele sind jetzt wesentlich.

Wir müssen damit leben, dass Menschen nun einmal unterschiedlich sind. Das gilt auch bei Veränderungen. Die Bereitschaft, Veränderungen geschehen zu lassen und mitzugestalten, ist sehr unterschiedlich. Das heißt aber nicht, dass die, die gleich alles Neue mitmachen, besonders mutig und glaubensstark sind. Es heißt auch nicht umgekehrt, dass alle anderen zögerlich, schwach und kleingläubig sind. Nicht alle sind in der gleichen Entwicklungsphase. Einige sind sehr enthusiastisch, wenn es um Veränderungen geht, und andere wissen nicht, was sie tun sollen. Einige sind schon desillusioniert, bevor sie überhaupt angefangen haben. Einige wissen, was zu tun ist, und andere eben nicht. Gerade die letzteren brauchen viel Ermutigung und keine Kritik.

Im Veränderungsprozess muss die Leitung den Menschen, die vom Veränderungsprozess betroffen sind, helfen, eigene Gaben und Möglichkeiten zu entdecken. Jeder Mensch kann etwas, das auch in der Gemeinde gebraucht wird. Es gilt, dafür Raum zu schaffen, denn je mehr Menschen mit ihren Gaben im Veränderungsprozess vorkommen, desto besser wird die Veränderung auch gelingen.

Veränderungen müssen durch Führungspersönlichkeiten begleitet werden. Diese Begleitung setzt voraus:

- die Bereitschaft zu Einzel- und Gruppengesprächen,
- vorhandene Begabungen bei den Mitarbeiterinnen und Mitarbeitern zu fördern,
- erreichte Teilziele zu feiern,
- viel Zeit.

Ein Veränderungsprozess braucht Zeit und Gelassenheit. Es darf nichts und niemand gezwungen werden. Den Veränderungsprozess zu gestalten ist sehr viel wichtiger, als nur die Richtung anzugeben, in die es gehen soll. Die Richtung ist die Vision, aber den Prozess zu gestalten bedeutet, sie im Alltag umzusetzen. Das ist das eigentlich Anstrengende. Dazu gehören Anerkennung und Korrektur, Hilfe und Gemeinschaft gewähren, gemeinsam zu beten und in der Bibel zu lesen und v.a.m. Findet diese Begleitung nicht statt, werden alle sehr schnell zum Alten zurückkehren.

Wer Veränderungen durchführen will, muss wissen, dass in einer Gruppe immer nur ein kleiner Teil von Menschen in der Lage ist, den Prozess zu gestalten. Die meisten Menschen brauchen Führung und Begleitung. Deshalb sollten alle »Veränderer« immer wieder in Phasen der Stille nach eigener Orientierung suchen und auf Gottes Weisungen hören.

4.5. Teams aufbauen, motivieren und führen

Menschen mit Führungsbegabung werden nicht versuchen, alles alleine machen zu wollen. Wer das versucht, wird scheitern. Entweder brechen sie irgendwann zusammen und geben erschöpft auf oder sie entwickeln sich zu Despoten, die nur das zulassen, was sie selbst noch irgendwie überblicken bzw. steuern können. Solch eine Führungsperson nennt man »Flaschenhalschef«. Das schafft bei den Mitarbeitern Frustrationen und führt irgendwann dazu, dass sie nicht mehr mitmachen. Manches Klagen über Mitarbeitermangel rührt auch daher, dass die vielen Möglichkeiten zur Mitarbeit nicht gesehen oder gar nicht zugelassen werden.

Führungspersönlichkeiten werden immer versuchen, möglichst schnell möglichst viele Teams aufzubauen.

Führungspersönlichkeiten werden immer versuchen, möglichst schnell möglichst viele Teams aufzubauen. Wenn ich es richtig einschätze, dann kann ein Mensch für höchstens 12 bis 20 Personen direkte Führungsverantwortung übernehmen. Sind es mehr Leute oder sollen es mehr werden, müssen Aufgaben in Teams delegiert werden, die dafür nun selbstständig verantwortlich sind.

Auch im Blick auf die notwendige Kommunikation und die Gestaltung von Kommunikationswegen wäre ein Einzelner hoffnungslos überfordert. Es braucht immer ein gutes Team, das mit seinen unterschiedlichen Begabungen und mit unterschiedlichen Aufgaben gemeinsam Hindernisse beseitigt, sich darüber verständigt, wie Teilziele zu erreichen sind, und die einzelnen Schritte gemeinsam geht. Diese Gruppe von verantwortlichen Mitarbeiterinnen und Mitarbeitern sorgt dann auch am Ende eines Prozesses oder einer Aufgabe dafür, das Neue im Leben der Gemeinde oder jeder anderen Organisation zu verankern. Teams in der Gemeinde müssen mit allen Kompetenzen ausgestattet werden, die notwendig sind, um das angestrebte Ziel zu erreichen.

Ein gutes Team hat immer beides: Funktionäre und Spezialisten.

Für jedes Team ist es wichtig, die richtigen Leute zu finden. Sie müssen über Fähigkeiten und Begabungen verfügen. Es ist aber ebenso wichtig, Menschen im Team zu haben, die über eine Positionskompetenz verfügen (Gemeindeleitung, Pastor u.a.). Ein gutes Team hat immer beides: Funktionäre und Spezialisten. Sie ergänzen einander und decken ein möglichst großes Feld von Kompetenzen ab. Was noch mehr zum Thema Teams zu sagen ist, ist im

GemeindePocketGuide-Heft »Teamarbeit – Effektiv und gerne zusammenarbeiten« nachzulesen.

4.6. Funktionierende Organisationsstrukturen entwickeln

Organisationsstrukturen hat es immer gegeben. Auch in Zukunft wird man nicht ohne sie auskommen. Sie bilden den Rahmen, in denen das Leben sich entfalten kann. Diese Strukturen sind lebenswichtig, denn sie schaffen die Möglichkeit, vernünftig und angemessen miteinander umzugehen. Sie bilden den Raum, in dem Vertrauen entstehen kann. Ein gutes Beispiel für die Bedeutung von Organisationsstrukturen findet sich in **Apostelgeschichte 6**. Die junge Gemeinde und die Apostel hatten voller Elan und mit viel Begeisterung ihren Dienst aufgenommen. Sie verkündeten das Evangelium und fanden viele Zuhörer, die für ihr Leben eine Entscheidung trafen. Die Gemeinde wuchs, und damit wurden auch Strukturen notwendig. Das wurde daran deutlich, dass sie bei allem Eifer für die Sache Jesu die Witwen aus anderen Völkern und deren Versorgungsprobleme übersahen. Man kann sich vorstellen, dass es zu Unruhen in der jungen Gemeinde kam. Hier wurden nun zum ersten Mal in der Urgemeinde Strukturen entwickelt, damit die Witwen versorgt werden konnten. Dabei fand gleichzeitig eine Aufgabenteilung statt. Die Apostel gingen ihrer Aufgabe nach, während sieben gewählte Männer sich um diese neue Aufgabe kümmerten.

An dieser Stelle werden auch noch einige andere Aspekte im Blick auf funktionierende Organisationsstrukturen deutlich. In den USA benutzt man einen Satz, der übersetzt ungefähr so lautet: Strukturen folgen den Strategien bzw. den Inhalten. Oft sind neue Strukturen dann notwendig, wenn das Leben nicht mehr zu den bisherigen passt. Es ist wenig Erfolg versprechend, zuerst eine Struktur zu schaffen und dann das Leben danach zu organisieren. Funktionieren kann nur: erst das Leben und die Inhalte, dann die Strukturen, die das vorhandene bzw. gewachsene Leben schützen und einen Handlungsrahmen geben. Wenn es anders ist, wird das Leben behindert. Es kann sich nicht mehr entfalten.

Deshalb müssen Führungskräfte darauf achten, dass die vorhandenen Strukturen lebendig bleiben. Gemeint ist damit vor allem, dass sie verändert werden können. Für mich ist das an den Stellen, an denen ich Verantwortung trage, ein wichtiges Gebot, nämlich immer wieder dafür zu sorgen, dass die Ordnungen sich mit dem Leben innerhalb meines Wirkraums weiterentwickeln. Es muss immer wieder darüber nachgedacht werden, ob das, was bisher an Ordnungen, Satzungen oder Verfassungen bestand, noch dem Leben dient oder es mittlerweile einschränkt.

Es muss immer wieder darüber nachgedacht werden, ob das, was bisher an Ordnungen, Satzungen oder Verfassungen bestand, noch dem Leben dient oder es mittlerweile einschränkt.

Die vorhandenen Strukturen sind in einem guten Gemeinwesen immer als Schutzraum gedacht. Deshalb wird gewählt, gibt es Ordnungen, an die man sich hält, regelt man Abläufe, werden Haushalte aufgestellt usw. Das ist nötig. Es ist aber eben nicht gesagt, dass die derzeitigen Regeln noch dem entsprechen, wofür sie einmal geschaffen wurden.

Organisationen brauchen eine Struktur, um überleben zu können. Dazu gehört auch eine Hierarchie. Es geht in keiner Gruppe ohne solch einen Aufbau. Dabei muss allerdings darauf geachtet werden, die hierarchische Struktur so flach wie möglich zu gestalten. Meines Erachtens reichen immer drei Stufen. Braucht man mehr, muss man innerhalb dieser Stufen wieder für eine Ordnung sorgen. Biblisches Beispiel für einen funktionierenden hierarchischen Aufbau ist die Geschichte in **2. Mose 18**. Dort hilft Jethro seinem Schwiegersohn Mose, das Volk in einzelne Organisationsstufen einzuteilen, damit sich jede Ebene mit den jeweiligen Aufgaben beschäftigt. Nur dann, wenn sich die Dinge dort nicht regeln lassen, soll die nächste Stufe gefragt werden. Am Ende bleibt für Mose nur noch, sich seinen Aufgaben als Führer des Volkes zu widmen und die Dinge zu regeln, die das ganze Volk betreffen. Er ist der Mittler zwischen Gott und den Menschen und führt das Volk auf seinem Weg in das verheißene Land.

Das Wort, das man für solch einen Organisationsaufbau gerne verwendet, ist **Subsidiarität**. Damit ist gemeint, dass jede Gruppe und jede Hierarchiestufe die eigenen Fragen selbstständig regelt. Das bedeutet, dass Entscheidungskompetenzen von der nächst höheren Stufe delegiert werden. Gleichzeitig werden so auch die Verantwortlichkeiten geregelt. Jede Stufe ist der nächst höheren gegenüber verantwortlich.

Ich greife ein Beispiel aus einer Gemeinde auf, um dieses Prinzip etwas deutlicher zu machen. Die Gemeinde hat viele Gruppen, die sich sowohl altersspezifisch (Kinder, Jugend, Senioren u. a.) als auch funktional (Theater, Tontechnik, Kochteam u. a.) zusammensetzen. Natürlich gibt es auch eine Gemeindeleitung, einen Gemeindekirchenrat, einen Vorstand. Die Gemeindeleitung, wie sie nun auch immer heißen mag, trifft sich einmal im Monat. Dort werden alle wichtigen Fragen der Gemeinde besprochen. Was wichtig ist, steht auf der Tagesordnung, die vom Vorsitzenden in Rücksprache mit den anderen Mitgliedern der Gemeindeleitung zusammengestellt wird. Die Agenda gibt nun verschiedene Punkte wieder. Erstaunlich ist, dass dort viele Punkte angeführt sind, von denen man eigentlich meinen müsste, dass sie dort entschieden werden, wo auch die Arbeit geschieht. Das verlangt zumindest die Subsidiarität. Statt diese Möglichkeit zu nutzen, wird nun im Vorstand über alle möglichen Kleinigkeiten geredet: Welche Farbe der Teppich haben soll, ob die Jugend einen Billardtisch bekommt, ob und wie eine kleine Baumaßnahme durchgeführt wird usw. Meiner Ansicht nach alles Programmpunkte, die in der Gemeindeleitung nichts zu suchen haben. Sie hat die Aufgabe, die Gemeinde zu leiten. Das ist zunächst eine geistliche Aufgabe. Die Gemeindeleitung soll feststellen, wo die Gemeinde gerade insgesamt steht, wie die derzeitige Situation ist. Sie soll danach fragen, wohin die Reise geht, welche Ziele vor ihr liegen. Nach Möglichkeiten und Gefahren soll sie Ausschau halten und danach, wie der allgemeine Zeitgeist lebt, denkt und handelt. Sie ist für den Gesamthaushalt verantwortlich, aber nicht für jeden Euro. Sie hält die Gemeinde zusammen, muss sich aber nicht um Details kümmern. Die gehören in den Kontext der einzelnen Gruppen. Wenn die Jugend nun einen Billardtisch braucht, dann soll sie sehen, wie sie dazu kommt. Kann sie ihn nicht finanzieren, wendet sie sich an die Gemeindeleitung. Hier wird dann nicht über den Sinn oder Unsinn eines Billardtisches nachgedacht, sondern lediglich festgestellt, ob es eine Finanzierungsmöglichkeit gibt oder nicht. Gibt es sie, kann die Jugend nun weitermachen, gibt es sie nicht, kann die Jugend über weitere Finanzierungen nachdenken oder einen Antrag stellen, dieses Projekt in den nächsten Haushalt mit aufzunehmen.

Eine Gemeindeleitung, die sich von den Details frei macht, hat endlich die Möglichkeit, sich um das zu kümmern, wozu sie gewählt worden ist: die Führung der Gemeinde zu übernehmen.

Eine Gemeindeleitung, die sich von den Details frei macht, hat endlich die Möglichkeit, sich um das zu kümmern, wozu sie gewählt worden ist: die Führung der Gemeinde zu übernehmen. Sie verantwortet sich den entsprechenden Gremien, die sie gewählt haben (Gemeindeversammlung o.a.).

Nun könnte man noch sehr viel zu den Fragen von Organisation und Strukturen sagen, wie man z. B. eine Struktur findet und entwickelt. Dazu ist hier jetzt nicht mehr die Gelegenheit. Ich halte auch sehr viel davon, dass Strukturen jeweils vor Ort entwickelt werden. Es gibt Modelle, die man zugrunde legen kann. Wichtiger ist aber, dass man eine Struktur entwickelt und beschreibt, die dem Leben vor Ort angemessen ist. Dazu ist es oft nötig, einen externen Berater einzuladen, der die richtigen Fragen stellen kann und mit seinem Know-how mithilft, einen angemessenen Rahmen zu finden. Außerdem hilft ihm die Außensicht, um die Gemeinde oder jede andere Organisation vor der mit Sicherheit vorhandenen Betriebsblindheit zu bewahren und den Fokus immer wieder auf Wesentliches zu richten.

4.7. Menschen motivieren

Menschen zu motivieren, also in Bewegung zu setzen, ist sicher eine der wichtigeren Führungsaufgaben. Immer wieder begegnen mir entnervte oder enttäuschte Leiter aus Kirchen und

Gemeinden, die sich darüber beklagen, dass es zu wenig Mitarbeiterinnen und Mitarbeiter gibt, und die müsse man dann auch noch immer wieder antreiben. Manche sagen auch, dass sie große Schwierigkeiten damit haben, immer wieder neue Begründungen zu finden, warum es sich lohnt, weiterzumachen. Es lohnt sich, sich mit dem Thema Motivation zu beschäftigen. Dazu gibt es in dieser Reihe ja auch ein eigenes Büchlein von Klaus Douglass. Hier aber noch einmal ein paar Grundlagen zum Thema »Motivation«.

Wenn man beschreiben will, was Motivation ist, hat man es mit zwei grundsätzlichen Themen zu tun. Das erste ist die **allgemeine Motivation**. Hierbei handelt es sich um die Kraft, etwas zu wollen. Jeder Mensch hat den Wunsch, etwas zu gestalten, auszuprobieren, zu bewirken. Jeder Mensch ist grundsätzlich motiviert, wenn auch in unterschiedlichem Maß. Dabei sind die Beweggründe, also die Frage danach, warum man etwas tut, so vielfältig wie die Menschen selbst. Kein Mensch tut aber etwas, ohne dazu motiviert zu sein. Um also etwas zu tun, brauchen Menschen ein Motiv. Diese Motive können bei gleichen Aufgaben bei verschiedenen Menschen durchaus unterschiedlich sein.

Das weist auf das zweite Thema, die **spezifische Motivation**. Sie bewirkt, dass eine Person in einer bestimmten Situation auf eine bestimmte Weise handelt – mit individuellem Einsatz und nach persönlichen Zielen, also auch mit unterschiedlichen Motiven. So können z. B. zu einem Team Menschen gehören, die als Projekt eine bestimmte Veranstaltung vorbereiten sollen. Die Gruppenmitglieder sind sich über das Ziel einig und haben auch ihre Bereitschaft erklärt, am Projekt und der Umsetzung mitzuarbeiten. Das ist die gemeinsame Motivation: Alle wollen es. Fragt man aber jetzt die einzelnen Mitarbeiter nach ihrem Motiv, wird man durchaus unterschiedliche Antworten erhalten. Für die einen ist das Gemeinschaftserlebnis wichtig, für andere zählt, dass sie ihre spezielle Begabung einbringen können, und wieder andere möchten die Veranstaltung dazu nutzen, Freunde und Verwandte einzuladen und sie mit der Gemeinde vertraut zu machen. Es gibt eine allgemeine Motivation, nämlich die Veranstaltung zu kreieren, und eine spezifische Motivation, die jede Mitarbeiterin und jeder Mitarbeiter für sich dabei hat. Will man also Menschen motivieren zu arbeiten, muss man beide Bereiche stets im Blick haben.

Weiterhin wird Motivation durch **zwei Rahmenbedingungen** bestimmt.

- Die erste Rahmenbedingung, die es zu beachten gilt, ist **die Person**. Synonyme für Motivation sind in diesem Zusammenhang Begriffe wie Antrieb, Drang, Wille, Wunsch, Streben. Das sind Aspekte, die auf die Innenseite des Menschen verweisen. Man kann dann sagen, der Mensch »ist« motiviert. Der Mensch ist motiviert durch seine Wünsche, Bedürfnisse und Einstellungen. Jeder Mensch hat ganz bestimmte Grundbedürfnisse. Niemand wird motiviert sein, wenn er ständig an den eigenen Bedürfnissen vorbeileben muss. Zu diesen Grundbedürfnissen gehört u. a. das Gefühl von Sicherheit, Geborgenheit, Verwirklichung und die Bestätigung, das Richtige zu tun. Von der Person ausgehend, findet Motivation also immer dann statt, wenn diese menschlichen Bedürfnisse und Vorstellungen berücksichtigt werden.

Wer Menschen motivieren will, muss zunächst um ihr Vertrauen werben und ihnen aufzeigen, was in Zukunft möglich, erstrebenswert und erreichbar ist.

- Die zweite Rahmenbedingung ist **die Situation**. Hier stehen die umgebenden Rahmenbedingungen, die Außenseite, im Vordergrund. Begriffe wie Anreiz, Anregung, Ermächtigung, Möglichkeit, Gestaltungsraum, Ziele spielen jetzt eine Rolle. Der Mensch »wird« motiviert. Es sind die Rahmenbedingungen, denen sich der Einzelne gegenübersieht. Sie schaffen also den äußeren Lebensraum, in dem ein Mensch leben, arbeiten und sein kann. Je optimaler die äußeren Rahmenbedingungen sind, desto eher werden Menschen sich bereit finden, sich zu engagieren. Allerdings gilt auch, dass der Versuch, andere Menschen zu motivieren – sie durch bestimmte

Anreize zum gewünschten Verhalten zu bringen – sich auf Dauer als erfolglos erweist. Man kann andere Menschen zwar beeinflussen, dieses oder jenes zu tun, sich einzusetzen und mitzumachen. Man kann aber Menschen von außen nicht dauerhaft steuern. Motiviert ist man meist dann, wenn das, was man tut, das eigene Selbstkonzept stärkt und in die eigene Vorstellung passt. Das bedeutet, dass Motivation immer auch die Vorstellungen des Einzelnen im Blick haben muss. Wer Menschen motivieren will, muss zunächst um ihr Vertrauen werben und ihnen aufzeigen, was in Zukunft möglich, erstrebenswert und erreichbar ist.

Zusammenfassung

Motivation heißt in aller erster Linie immer »Ich will!«. Dabei führt die Frage nach dem Was und Warum zur spezifischen Motivation, die bei jedem Menschen individuell ausgeprägt ist. Motivation wird immer beeinflusst durch die Person und ihr Selbstkonzept sowie durch die Situation, die Rahmenbedingungen. Fremdsteuerung – das so genannte »Motivieren« – ist auf Dauer nicht möglich.

Wer Menschen in Bewegung setzen will, muss sich deswegen folgende Fragen stellen:

Habe ich mit einem Menschen zu tun, der ...

- ... will und kann? Dieser Menschen ist motiviert, weil er will. Weil für ihn auch die Rahmenbedingungen stimmen, wird er auch etwas tun. Bei ihm treffen innere Einstellung, äußere Bedingung, eben Wollen und Können zusammen.
- ... will und nicht kann? Dieser Mensch ist motiviert. Sie oder er will etwas tun. Auch wenn vielleicht die äußeren

Rahmenbedingungen nicht stimmen oder das Können noch nicht sehr ausgeprägt ist, wird dieser Mensch mitmachen. Das Wollen zeigt gleichzeitig auch eine Lernbereitschaft, sich das anzueignen, was an Können noch nicht da, aber möglich ist.

- ... nicht will und kann? Dieser Mensch ist nicht motiviert und deshalb auch nicht zu bewegen, obwohl das Können vorhanden ist. Das kann sich sowohl auf die Rahmenbedingungen beziehen als auch auf die persönlichen Möglichkeiten. An solchen Menschen wird man sich »die Zähne ausbeißen«.
- ... nicht will und nicht kann? Bei diesem Menschen ist eine Motivation nicht möglich. Erst wenn sie oder er sich zu einem »Ich will« durchringt, wird eine Bewegung möglich sein. Wahrscheinlich werden solche Menschen nie in einem Team mitarbeiten, weil sie für sich weder die Notwendigkeit noch einen Vorteil erkennen können.

In der Gemeinde wird der Begriff Leistung nicht so gerne gehört. Leistung klingt nach Machbarkeit, nach Kraft und Anstrengung. In der Gemeinde möchte man doch auch einfach nur sein können und eben nichts leisten müssen. Das soll auch so sein und so bleiben. Trotzdem geht es in der Gemeinde auch nicht ohne Leistung. Diese Leistung ist dann gefragt, wenn eine Aufgabe gestellt wird, ein Ziel erreicht werden soll, bestimmte Projekte anstehen. Man muss an dieser Stelle Leistung und den Lohn- und Verdienstgedanken auseinander halten. In der Gemeinde sind Menschen von einem unmittelbaren Erfolgszwang befreit. Wenn wir in der Gemeinde von Leistung reden, dann eher unter dem Aspekt, dass jede und jeder mit der von Gott empfangenen Gabe der Gemeinde und den Menschen dienen soll. Die Frage des Lohn- und Verdienstgedankens ist mit dem Evangelium beantwortet. Wenn also im Folgenden von Leistung die Rede ist, dann immer im Blick auf die Frage von Gestaltungsmöglichkeiten und Gestaltungsräumen.

Im Blick auf die Motivation von Menschen lässt sich Leistung nicht so einfach definieren. **Vier Dimensionen** gehören untrennbar zusammen, müssen aber auch immer wieder einzeln betrachtet werden:

- Die **erste Dimension** ist die **Leistungsbereitschaft**. Hier wird danach gefragt, ob ein Mensch überhaupt bereit ist, sich einzubringen und mitzumachen. Diese Bereitschaft kann von außen nur angeregt werden. Die Entscheidung dafür muss jeder Mensch selbst treffen. Wer andere zur Mitarbeit einlädt, muss immer auch damit rechnen, dass diese Einladung ausgeschlagen wird. Gründe dafür können sehr vielschichtig sein. Man kann versuchen, sie zu klären – aber wenn ein Mensch letztlich nicht will, sollte man ihn auch in Ruhe lassen. Zur Leistungsbereitschaft gehört der Wille des angesprochenen Menschen, seine Kraft, sein Temperament – die Dynamik, die einem Menschen eigen ist –, seine Entschiedenheit und seine eigene Motivation (s.o.). **Leistungsbereitschaft kann man mit dem Wort Wollen beschreiben.** Wenn aber ein Mensch will und sich innerlich verpflichtet hat, mitzumachen und mitzugestalten, muss ein Teamleiter dafür sorgen, dass die äußeren Rahmenbedingungen nicht demotivierend wirken. Die Bereitschaft eines Menschen mitzuarbeiten verlangt, nun alles dafür zu tun, dass dies auch ohne zusätzliche Hürden und Beschränkungen geschehen kann. Dafür haben Führungspersönlichkeiten zu sorgen. Gerade hier hat die Gesamtgemeinde eine besondere Verantwortung. Viel zu oft haben Menschen die Erfahrung gemacht, dass ihre Bereitschaft zur Mitarbeit durch eine Vielzahl von kleineren oder größeren Beschränkungen gleich wieder im Keim erstickt wurde. Manche wurden so behandelt, dass schon eine gewisse Leidensbereitschaft dazugehört, um nicht gleich alles wieder aufzugeben.
- Die **zweite Dimension** ist die **Leistungsfähigkeit**. Unter diesem Aspekt sind die Fertigkeiten, Kenntnisse, Erfahrungen, Begabungen und Gaben eines Menschen gefragt. Jede und

jeder kann etwas. Das ist es, was ein Team braucht und eine Gemeinde, gleich welcher Größe, so reich macht. In jeder Organisation gibt es Menschen, die bestimmte Stärken haben. Auf dem Hintergrund dieser Stärken sind sie in der Lage, sich einzubringen und auch Erfolgserlebnisse zu haben, die sie wiederum von innen motivieren. Die Gemeinde lebte immer davon und wird auch in Zukunft davon leben. Gerade in der Gemeinde wird jede Fähigkeit gebraucht. **Leistungsfähigkeit kann mit dem Wort Können beschrieben werden.** Allerdings gibt es auch noch andere Erfahrungen, die nicht selten zu sein scheinen. In der Gemeinde werden oft nur ganz bestimmte Fähigkeiten und Begabungen gesucht, die sich nach den vorhandenen Gruppen und Aufgabenbereichen richten. Dabei fallen viele vorhandene Kenntnisse unter den großen Gemeindetisch. Es gehört zur Aufgabe der Führungskräfte, nicht nur für die vorhandenen Bereiche immer wieder Mitarbeiter zu suchen und zu fördern, sondern auch danach zu fragen, was die einzelnen Menschen in der Gemeinde können und welche Begabungen sie haben. Je breiter die Palette von Einsatzmöglichkeiten in der Gemeinde ist, desto mehr Menschen werden sich darauf einlassen, mitzuarbeiten. Zeigt jemand dann eine bestimmte Begabung, sollte sie auch dadurch gefördert werden, dass ein Mensch die für ihn richtige Aufgabe in der Gemeinde findet und so Bestätigung erhält, was sich wiederum auf die innere Motivation auswirkt.

- Die **dritte Dimension** ist die **Leistungsmöglichkeit**. Hier sind weniger die Mitarbeiterin oder der Mitarbeiter gefragt, sondern vielmehr die Leitung der Gemeinde bzw. die Führungskräfte. Unter diesem Punkt geht es um Begriffe wie Gestaltungsraum, Bedingungen, Chancen, Erfolgsaussichten, »Spielwiese«. Menschen brauchen immer einen Gestaltungsraum, in dem sie all das tun können, wozu sie bereit sind, das nötige Können haben und die dazugehörige Freiheit. Solche Gestaltungsräume können in der Gemeinde sehr unterschiedlich aussehen. Allerdings dürfen diese Räume nie zu klein und zu eng sein. Sonst wird ein Mensch bald aufgeben, weil ihm die nötige Bewegungsfreiheit fehlt. Der Raum darf aber auch nicht zu groß sein, denn sonst wird es für Mitarbeiter beängstigend, weil die Situation unüberschaubar ist. Auch dann werden Menschen bald aufgeben und sich lieber auf ein kleineres Terrain zurückziehen. Den richtigen Raum für Menschen zu finden, in dem sie mitgestalten können, ist eine sehr wichtige Führungsaufgabe, die nie einen Abschluss findet, sondern stets weiterentwickelt werden muss. **Diesen Bereich der Leistungsmöglichkeit wird ein Mensch als Dürfen empfinden** und damit als Einladung, sich nach dem Maß der eigenen Fähigkeiten einzubringen.

In der Gemeinde muss es Menschen geben, die über die nötige Phantasie verfügen, sich auch immer wieder neue Räume und Möglichkeiten auszudenken. Neben den traditionellen Bereichen gibt es noch weit mehr Möglichkeiten, in denen Mitarbeiterinnen und Mitarbeiter sich betätigen und so am Bau der Gemeinde mitarbeiten können. Oft entstehen ganz neue Bereiche, wenn Menschen ermutigt werden, sich auch mit ihrem Begabungspotenzial zu engagieren, dass vielleicht vorher nie gefragt war. In diesem Bereich liegt die in meinen Augen wichtigste Führungsarbeit: Raum schaffen, Möglichkeiten geben, Mut machen, Hoffnung wecken, Leib und Seele stärken.

- Die **vierte Dimension** ist die **Leistungsumsetzung**. Die hier bestimmenden Begriffe sind Prozesse, Abläufe, Mitmachen, Unterwegssein, Erwartungen, das Ziel erreichen. Es nützt ja letztlich wenig, wenn neben dem Wollen, Können und Dürfen nun niemand anfängt, das auch zu leben und umzusetzen. Alles bleibt so lange graue Theorie, bis es auch praktische Konsequenzen hat. Die müssen meistens noch einmal besonders initiiert werden. Es braucht einen offiziellen Start. Das brauchen alle, die im Team mitarbeiten oder sich sonst in einem Bereich engagieren. Es gibt einen Punkt, ab dem die Leistungsumsetzung auch geschieht. **Nun wollen die**

Menschen auch etwas tun! Dieser Startpunkt muss von allen bewusst erlebt werden. Danach geht die Reise los. Dieser Punkt ist gerade dann besonders wichtig, wenn es unterwegs Störungen gibt, alles noch einmal in Frage gestellt wird, die Gruppe in eine Sackgasse gerät oder für eine Weile einfach nicht weiter weiß. Dann ist es gut, einander immer wieder daran zu erinnern, dass man einmal unter einer bestimmten Zielsetzung losgegangen ist und dieses Ziel eben noch nicht erreicht ist. Der Blick darauf, einmal eine Entscheidung getroffen zu haben und schon einen gewissen Weg zurückgelegt zu haben, hilft dann oft, sich wieder aufzuraffen, Lösungen zu finden, Abläufe neu zu strukturieren u.a.m.

Bei allem, was Menschen freiwillig leisten und was man von ihnen auch immer wieder erwarten kann, ist es wichtig, dass jede Art von Arbeit und Beschäftigung auch Spaß machen muss.

Ein wichtiger Aspekt im Blick auf das Thema Motivation sei als Letztes noch erwähnt. Bei allem, was Menschen freiwillig leisten und was man von ihnen auch immer wieder erwarten kann, ist es wichtig, dass jede Art von Arbeit und Beschäftigung auch Spaß machen muss. Wenn das im Normalfall gewährleistet ist, sind Menschen auch bereit, in besonderen Situationen unpopuläre und schwierige Wege zu gehen. Deshalb muss ein Mensch, der andere Menschen führen will, auch selbst gut motiviert sein. Das bedeutet, dass solch ein Mensch Freude an dem hat, was er oder sie tut, gerne die gestellten Aufgaben erledigt und dabei über ein gehöriges Maß an Selbstdisziplin verfügt. Grundlage ist aber zuerst eine positive Lebenseinstellung und eine persönliche »Grundfröhlichkeit«. Mir sind im Laufe vieler Jahre zu viele Menschen mit Führungsverantwortung begegnet, die eigentlich keine Lust mehr hatten, ausgepowert und ausgebrannt waren, ihre Aufgaben zwar noch pflichtgemäß erledigten, aber letztlich nicht mehr wollten. Man braucht nicht viel Phantasie, um sich vorzustellen, wie solche Menschen führen und wie es in ihren Verantwortungsbereichen aussieht. Dazu unter dem Bereich »Selbstmanagement« noch ein paar Gedanken mehr.

4.8. Führungskräfte fordern und fördern andere

Eine der wichtigsten Aufgaben für Führungskräfte ist es, anderen Menschen zu helfen, sie zu unterstützen und ihnen die Möglichkeiten zu schaffen, ihre Arbeit gut und gerne zu tun. Keiner kann alles alleine. Menschen brauchen einander, müssen einander ergänzen und profitieren auch immer von dem, was ein anderer

kann. Wenn das dann noch unter einer leitenden Vision geschieht, Ziele definiert sind und Aufgaben verteilt wurden, dann müssen auch **Verantwortungen und Kompetenzen übertragen** werden. Gerade in einer Gemeinde ist das nicht nur ein methodischer Hinweis, sondern Teil ihrer Lebensäußerung: Jede und jeder soll mit der von Gott empfangenen Gabe dem Ganzen dienen.

Aber das geht eben nur dann, wenn auch die Verantwortungen geteilt werden. Dann tanzen nicht mehr alle nach einer Pfeife, sondern das Leben wird sehr vielstimmig. Neben der Standortbestimmung, der Zielsetzung, der Kontrolle besteht darin in erster Linie die Aufgabe einer Führungspersönlichkeit: Menschen zu ermächtigen. Das ist meines Erachtens die schönste aller Führungsaufgaben: Zu sehen, wie die einzelnen Mitarbeiter gemäß ihrer Gaben und Kreativität im Zusammenspiel mit anderen auf das gemeinsame Ziel hinarbeiten und dabei der großen Vision immer mehr Gestalt geben.

Das ist meines Erachtens die schönste aller Führungsaufgaben: Zu sehen, wie die einzelnen Mitarbeiter gemäß ihrer Gaben und Kreativität im Zusammenspiel mit anderen auf das gemeinsame Ziel hinarbeiten und dabei der großen Vision immer mehr Gestalt geben.

Es geht nun darum, Menschen zu ermutigen, zu stärken und ihnen einen **Gestaltungsraum** (s.o. unter Motivation) zu **schaffen**, in dem das zur Entfaltung kommen kann, was jeder Einzelne an Möglichkeiten und Befähigungen mitbringt. Wenn Menschen wirklich etwas tun wollen, sie es auch von sich aus können, ihnen aber ständig die Möglichkeit zur Gestaltung genommen wird oder sie nicht die nötige Entscheidungskompetenz bekommen, dann ist es bald mit der Bereitschaft zur Mitarbeit vorbei.

Es gibt immer wieder ähnliche Situationen, in denen die Menschen in der Gemeinde wirklich wollen, aber durch äußere Bedingungen, Einwirkungen oder durch Führungspersönlichkeiten, **die Verantwortung nicht teilen können**, an der Mitarbeit gehindert werden.

Es gibt **strukturelle Hindernisse**. Solche Hindernisse können durch eine zu steile Hierarchie begründet sein. Die oben bestimmen alles, die unten dürfen sich nicht mucken. Darüber hinaus gibt es immer wieder irgendwelche Vorschriften, die einmal entstanden sind, weil es ganz sinnvoll war. Inzwischen haben sich die Voraussetzungen geändert, die Vorschriften werden aber immer noch befolgt, als sei alles noch beim Alten.

Solche beibehaltenen Strukturen behindern nicht nur neues Leben, sondern entmutigen motivierte Mitarbeiterinnen und Mitarbeiter und nehmen ihnen Freiräume. Jeder kennt sicher Beispiele, wo Vorschriften, verkrustete Strukturen, alte Methoden und auch Menschen, die krampfhaft daran festhalten wollen, anderen jede Möglichkeit zur Gestaltung und Entfaltung nehmen. Ich war vor einiger Zeit Gast in einer sehr aufblühenden evangelischen Kirchengemeinde. Die Gottesdienste, von denen es vier am Wochenende gab, waren gut bis sehr gut besucht, viele junge Leute waren da und machten kräftig mit, der Kirchenvorstand engagierte sich nicht nur in Sitzungen, sondern auch ganz praktisch. Der Pastor sagte mir leise: »Wir mussten uns allerdings von manchen lieb gewordenen Dingen verabschieden, vor allem auch von solchen, die eigentlich zu einer lutherischen Gemeinde dazugehören. Die sonntägliche Liturgie zum Beispiel haben wir nur noch andeutungsweise. Manche Verwaltungsvorschriften kennen wir noch, kommen ihnen aber längst nicht mehr nach. Ich möchte Gemeinde bauen und nicht Strukturen verwalten ...« Er habe schon manche Ermahnungen seitens der Kirchenleitung bekommen, aber da es so ein lebendiges Leben in seiner Gemeinde gebe, gehe man ihn nicht disziplinarisch an. Doch er rechne damit, dass es eines Tages passieren werde.

Werden strukturelle Hindernisse nicht möglichst schnell weggenommen, werden die Menschen auch im Blick auf Mitarbeit insgesamt letztlich negativ reagieren. Die Vision wird an Deutlichkeit verlieren und am Ende verblassen. Leider geschieht das immer wieder, da man sich in jeder Organisation sehr schnell an vorhandene Strukturen gewöhnt. Man wird blind für Alternativen. Andererseits gibt es eben auch immer wieder Menschen, die viel in die vorhandenen Strukturen investiert haben. Sollen diese jetzt verändert werden, hinterfragt das auch immer ihre bisherige Position. Manche wollen zwar die Strukturen verändern, fürchten aber lang anhaltende interne Diskussionen. Man traut sich nicht. Es gibt genug Unruhe in der Gemeinde, dann bitte nicht noch eine zusätzliche an dieser Stelle! »Später« scheint dann das Zauberwort zu sein. Leider ist der Übergang von »später« auf »zu spät« ziemlich direkt.

Gelegenheit zur **Ermutigung** gibt es immer wieder. Für die meisten Mitarbeiterinnen und Mitarbeiter gibt es viele Gründe, sich zu engagieren. Das gilt besonders im so genannten ehrenamtlichen Bereich. Dabei ist es Führungsaufgabe, immer wieder folgende Fragen zu stellen:

- Was müsste es unter uns an weiteren Möglichkeiten, Gestaltungsräumen und Aufgaben geben, und welches Begabungspotenzial ist dazu nötig?
- Welche Menschen gibt es unter uns, welche Begabungen haben sie, und wie können wir diese einsetzen?

Ich habe an dieser Stelle die Erfahrungen gemacht, dass manche Leiter in der Gemeinde oft gar nicht wissen, was ihre Leute so können, womit sie sich beschäftigen, was ihre Leidenschaften sind und wofür sie sich interessieren. Andererseits beschränkt sich die Möglichkeit zur Mitarbeit auf traditionelle Aufgaben, die aber selten das Begabungspotenzial von Menschen treffen oder ausschöpfen.

Deshalb ist die **Begleitung** von Mitarbeiterinnen und Mitarbeitern so enorm wichtig. Sie müssen erfahren, dass man sich für sie persönlich interessiert, und sie müssen in ihrem Engagement unterstützt werden. Gleichzeitig ist es wichtig, ihnen Hilfe anzubieten, ja noch mehr, viele brauchen konkrete Hinweise, was zu tun ist und worauf man zu achten hat. Es sind Führungspersönlichkeiten nötig, die mit Rat und Tat zur Seite stehen, die mit anpacken, aber auch gleichzeitig sagen können, wo es lang geht. Dabei ist es aber immer auch von entscheidender Bedeutung, dass jeder und jedem der angemessene Gestaltungsraum zur Verfügung gestellt wird.

Wenn es innerhalb der Gemeinde keine geeigneten Begleitpersonen gibt, sollte man sich jemanden von außen suchen. Diese Begleitperson sollte auf mögliche Fehler aufmerksam machen, aber gleichzeitig auch immer wieder für Freiräume sorgen, in denen die Mitarbeiter die Möglichkeit haben, sich zu erproben und etwas zu gestalten. Die Begleitung muss sehr dicht an den Menschen dran sein, die sich engagieren. Dazu gehört dann auch ein gutes Feedback, eine umfassende Auswertung und die notwendige Korrektur.

Die Ermutigung von Menschen folgt oft einem ganz einfachen Schema. Es führt letztlich dazu, dass die Führungskraft Aufgaben delegiert und der Mitarbeiter die volle Verantwortung übernimmt. Ausgehend von dem Menschen mit Führungsverantwortung sieht die Abfolge wie folgt aus:

- Ich mache.
- Ich zeige dir, wie es geht, du schaust zu.
- Ich zeige dir, wie es geht, du schaust zu und stellst Fragen.
- Ich zeige dir, wie es geht, du schaust zu, stellst Fragen und machst nach.
- Du zeigst mir, was du kannst, ich schaue zu, stelle Fragen und mache vor.
- Du zeigst mir, was du kannst, ich schaue zu und stelle Fragen.

- Du zeigst mir, was du kannst, ich schaue zu.
- Du zeigst, was du kannst.
- Du machst.

Nur auf diesem Weg, der konsequent eingeübt werden muss, sind Menschen in der Lage, etwas zu hören, zu sehen, zu verstehen, zu tun und beizubehalten. Auf diese Art und Weise wächst langsam auch wieder die anfängliche Begeisterung. Wenn ich etwas tue, was ich gut kann, macht es auch Spaß und fördert die Begeisterung bei mir und anderen.

Immer wieder gibt es bei dem einzelnen Mitarbeiter in seinem Aufgabenbereich auch Rückschläge. Es geht etwas schief, gesteckte Ziele werden nicht erreicht, Kritik von außen wird unsachlich, Zeit- und Kraftpotenziale sind erschöpft usw.

Gerade jetzt ist es wichtig, dass die Begleitung nicht unbedingt im »Tagesgeschäft« abläuft, wie das noch in einer Delegationsphase nötig war. Jetzt kommt es eher darauf an, dass es jemanden gibt, der ansprechbar ist. Solch eine Führungspersönlichkeit muss die erbrachten Leistungen anerkennen und gut zuhören. Alle Mitarbeiterinnen und Mitarbeiter brauchen immer wieder Ermutigung und bei konkreten Fragen Hilfe und Unterstützung. Hier sind weise Menschen gefragt, die nicht unbedingt selber mitmachen müssen, um sich engagieren zu können, und deren erstes Ziel es ist, andere Menschen zu unterstützen und zu fördern. Dieses begleitende Engagement wird die Mitarbeiter stabilisieren und dafür sorgen, dass sie auch bei wechselndem Erfolg nicht gleich aufgeben.

Solch eine Begleitung von Menschen ist ein Prozess, der sich manchmal auch über eine längere Zeit erstrecken kann. Dabei muss aber gewährleistet sein, dass es irgendwann einen konkreten Zeitpunkt gibt, an dem die Verantwortung für eine Aufgabe voll und ganz auf die Mitarbeiter übertragen wird. Sie können es nun. Sie sind am Anfang mit viel Enthusiasmus gestartet. Sie haben das, was zu tun ist, gelernt, geübt und sich vielfältig erprobt. Sie haben Erfolge gehabt und die entsprechende Resonanz bekommen. Nun sind sie dran. Die begleitenden Führungspersönlichkeiten dürfen sich jetzt gerne zurückziehen und sich darüber freuen, dass es gut weitergeht. Sie halten sich für die Mitarbeiter jederzeit bereit, aber sie halten sich aus allen aktuellen Fragen heraus.

Leider gibt es immer wieder Führungspersönlichkeiten, die die Kunst des Loslassens noch nicht hinreichend gelernt haben. Damit wird aber der Bestand einer Aufgabe, eines Arbeitszweiges, einer Gruppe auf Dauer gefährdet. Ein Beispiel: In einer Gemeinde neigte sich die Zeit des langjährigen Jugendleiters langsam dem Ende zu. Er hatte es aber verstanden, sich junge Leute als neue Mitarbeiter heranzuziehen. Sie machten ihre Sache sehr gut und hatten auch nachhaltigen Erfolg. Es wurde deutlich, dass bald der Zeitpunkt gekommen war, an dem der »Chef« nun seine Verantwortung abgeben konnte. Dann verzögerte er aber seinen Ausstieg immer wieder. Er stand auf dem Trittbrett, aber machte nicht den letzten und entscheidenden Schritt. Immer wieder griff er ins Geschehen ein, übernahm für einzelne Bereiche wieder Verantwortung, gab sie dann wieder ab, um sich kurz darauf wieder einzumischen. Danach gefragt, warum er denn nun nicht endlich aufhöre, beklagte er sich darüber, dass die jungen Leute letztlich nicht die Bereitschaft hätten, die volle Verantwortung zu übernehmen. Es war dann kein einfacher Prozess, den »alten« Jugendleiter zum Aussteigen zu bewegen. Als er es aber dann geschafft hatte, formierte sich schnell ein Mitarbeiterkreis, der die sicher sehr anspruchsvolle Jugendarbeit übernahm und gut weiterführte. Die Sache ging gut aus, hätte aber auch dazu führen können, dass derart entmündigte Mitarbeiter ihrerseits irgendwann ausgestiegen wären.

Eines der ganz großen Probleme in vielen kirchlichen, aber auch säkularen Organisationen ist, dass die Frage der **Nachfolge** nicht oder viel zu spät angegangen wird. Irgendwann steigt jede und jeder einmal aus dem eigenen Verantwortungsbereich aus, und plötzlich weiß man nicht, wie es weitergehen soll. Nachfolger sind nicht in Sicht. Es entstehen entweder große Kämpfe oder tiefe Resignation, oft auch beides nacheinander.

Die Zeit nach einer großen Persönlichkeit wird zwar gerne auch als eine Zeit beschrieben, in der nun endlich Neues möglich ist, aber wenn es dann so weit kommt, sind alle rat- und hilflos. Die bisherigen Positionsinhaber können nur schwer loslassen und sich auch nur schwer vorstellen, wie es einmal ohne sie gehen soll. Schließlich verfügen sie über ein großes Maß an Können und Erfahrung, worüber Anfänger natürlich in diesem Maß noch nicht verfügen. Sie haben längst vergessen, dass sie auch einmal »klein« angefangen haben, oder wenn sie noch daran denken, dann werden diese Anfänge eher verklärt.

Ich will an dieser Stelle nur darauf aufmerksam machen, dass alle Menschen, die in irgendeiner Weise Verantwortung tragen, früh genug (und es kann eigentlich nie früh genug sein) damit anfangen sollten, andere Menschen so zu fördern, zu begleiten, aufzubauen und zu ermächtigen, dass sie irgendwann auch die Gesamtverantwortung übernehmen können. Dass die **Kunst des Loslassens** eine hohe Kunst ist, wissen alle, die schon einmal etwas loslassen mussten. Aber nur auf diese Weise setzen sich Entwicklungen fort.

Vielleicht kann das Bild eines Staffelläufers helfen. Der Staffelläufer übergibt den Stab, wenn er noch in vollem Lauf ist, an einen anderen, der in dem Moment schon läuft, aber dann auch weiterlaufen wird, während der Erste von beiden langsam ausläuft. Leider wird es heute an vielen Stellen eher so gemacht, dass der, der den Stab übergeben müsste, dem anderen zuruft: »Ich laufe noch eine Runde!« und weiterläuft, während der Stabübernehmer ebenfalls läuft, ohne wirklich am Rennen teilzunehmen. Wenn das ein paarmal passiert, werden alle »Übernehmer« aufgeben, und dann ist keiner mehr da, wenn es darum geht, den Stab tatsächlich zu übergeben.

Gekrönt wird dieser schlimme Zustand dann noch mit dem Hinweis der Positionsinhaber, dass es ja heute keine Menschen mehr gibt, die bereit seien, Verantwortung zu übernehmen. Junge Leute so aufzubauen, dass sie eines Tages selber Verantwortung übernehmen können, ist eine wunderschöne Aufgabe. Man muss nur sehr früh damit anfangen.

Am Anfang ist es ein ständiger Prozess der Begleitung. Es gehört aber auch die Bereitschaft dazu, diese zukünftigen Verantwortungsträger dann auch ihren Weg gehen zu lassen, der anders ist, als der eigene Weg war und je sein wird. Das Gebot »Du sollst dir kein Bildnis machen« hat auch hier seine Bedeutung: Es darf eben auch im Blick auf andere Menschen nicht so sein, diese nach dem eigenen Bild zu gestalten. Führungspersönlichkeiten sollen im Gegenteil alles dafür tun, dass andere ihre Fähigkeiten zur Entfaltung bringen. Wer anderen Freiräume geschaffen hat und dann erlebt, wie sie auf den einmal gelegten Gleisen ganz nach dem Maß der eigenen Begabungen und Möglichkeiten weiterfahren, wird eine tiefe innere Befriedigung empfinden.

Junge Leute so aufzubauen, dass sie eines Tages selber Verantwortung übernehmen können, ist eine wunderschöne Aufgabe. Man muss nur sehr früh damit anfangen.

An dieser Stelle möchte ich alle Leser einmal an die Menschen erinnern, die in ihrem eigenen Leben eine wichtige Rolle gespielt haben. Da gab es Frauen und Männer, die in uns etwas erkannt haben, was sie fördern wollten. Sie haben uns Möglichkeiten eröffnet und Gestaltungsräume erschlossen, sie sind mit uns ein Risiko eingegangen, aber sie haben auch daran geglaubt, dass wir in eine Aufgabe hineinwachsen würden. Es waren Menschen, die uns gefördert haben und denen wir vielfach das verdanken, was wir heute sind.

Es ist gut, manchmal zurückzudenken und zu erkennen, dass es auch in unserem Leben immer wieder Menschen gab, die uns Perspektiven und Raum zum Gestalten gegeben haben. Wenn das in unserem Leben so war, dann sollten wir auch für andere solche Menschen sein, die helfen, die in ihnen vorhandenen Möglichkeiten zu entfalten.

Um Verantwortung an andere zu übertragen sind also folgende Punkte wichtig:

- Die Vision, die als Leitmotiv über einer Organisation oder Gemeinde steht, muss für die Mitarbeiterinnen und Mitarbeiter klar und nachvollziehbar sein und ihnen erstrebenswert erscheinen. Sie müssen den Zweck kennen, dann werden sie auch leichter mitmachen und gerne Aufgaben übernehmen.
- Die Strukturen müssen so verändert werden, dass sie der Vision nicht im Wege stehen. Überholte Strukturen und Verfahrensweisen behindern die nötige Veränderung.
- Ein gute Begleitung in allen Phasen eines Lern- und Trainingsprogramms ist unabdingbar. Die Mitarbeiter müssen die nötigen Fertigkeiten, Verfahrensweisen und Gestaltungsmöglichkeiten erst einmal lernen.
- Alle Informationen, Abläufe und Entscheidungen müssen immer auf die Vision ausgerichtet sein.
- Alle Leitungsstrukturen müssen so konzipiert sein, dass sie der Umsetzung der Vision dienen. Wenn das geschieht, werden viele gerne mitmachen.
- Es müssen Gestaltungsräume geschaffen werden, damit Mitarbeiter ihre Begabungen und Kreativität entfalten können. So wird die Vision weiterleben.

4.9. Konflikte erkennen und bewältigen

Dass auch in der Gemeinde Konflikte entstehen, ist mehr als normal. Es wäre schon etwas eigentümlich, wenn viele Menschen miteinander in einen dynamischen Prozess eingebunden sind, und alles würde vollkommen konfliktfrei ablaufen. Wenn Menschen mit Menschen zu tun haben, prallen eben auch unterschiedliche Meinungen, Vorstellungen, Interessen, Bedürfnisse, Erfahrungen usw. aufeinander. Das gilt für einzelne Menschen genauso wie für Gruppen und auch ganze Organisationen.

Wir Menschen haben sicher alle eine natürliche Begabung, mit Konflikten umzugehen. Das »Zauberwort« heißt nicht selten Kompromiss. Das haben wir alle gelernt, und die meisten Menschen können auch mit einem Kompromiss gut leben. Ich rücke etwas von meiner Position ab und erfahre, dass mein Gegenüber ebenso reagiert. Kompromissfähigkeit lernt man am besten in der Familie, denn nirgends sonst leben Menschen auf so engem Raum und sind so vertraut miteinander. Gerade in der Familie merkt man hautnah, wie überlebensnotwendig die Bereitschaft ist, Kompromisse zu machen, um gut miteinander auskommen zu können.

Was für die Familie gilt, stimmt vielfach auch für die Gemeindefamilie und für jede andere Organisation. Auch dort ist das Miteinander wichtiger als die Wünsche und Bedürfnisse eines einzelnen Menschen. Dabei darf der Einzelne allerdings auch nicht das Gefühl haben, ständig zugunsten anderer verzichten zu müssen. Ein ausgewogenes Verhältnis von eigenen und gemeinsamen Zielen und Interessen muss gewahrt bleiben (Galater 6,2).

Wer keine Kompromisse eingehen will, ist letztlich nicht in der Lage, mit anderen Menschen zu leben und zu arbeiten. Orientiert man sich am gemeinsamen Ziel, das wichtiger ist als die eigene Meinung und persönliche Bedürfnisse, ist ein Ausweg aus dem Konflikt aufgezeigt. Im Kompromiss hat jede und jeder auch ein Stück der eigenen Vorstellung mit eingebracht und gleichzeitig dem anderen ein Feld geöffnet, in dem er nun auch sich selbst einbringen kann. Daran kann man auch einen so genannten »faulen Kompromiss« erkennen. Denn der ist deshalb faul, weil nicht beide oder alle Seiten mit dem Ergebnis zufrieden sind bzw. leben können, sondern meistens nur einer, der sich auf Kosten der anderen, ganz heimlich natürlich, freut und seinen kleinen Vorteil genießt.

Führungskräfte müssen sich im Konfliktmanagement gut auskennen. Grundvoraussetzung ist auch hier, dass Leute, die Konflikte lösen wollen, vom Grundansatz her Menschenfreunde sein müssen. Wer Schwierigkeiten mit anderen Menschen hat, wer

Vertrauen nur schwer erhält oder investieren kann, eignet sich wenig, um Konflikte zwischen anderen Menschen zu lösen bzw. zu begleiten.

Wie sich Konflikte entwickeln

Das Nachfolgende beschreibt in vier kurzen Schritten, wie ein Konflikt im Normalfall entsteht.

1. **Die Diskussion.** Am Anfang steht immer die Sachfrage, der Diskussionsgegenstand, ein Dialog mit unterschiedlichen Meinungen oder einem unterschiedlichen Interesse.
2. **Die Überlagerung.** Argumente der jeweiligen Gegenseite werden nicht akzeptiert. Eigennutz, Taktik, Unaufrichtigkeit usw. werden unterstellt. Die sachliche Ebene wird verlassen, man bewegt sich auf einer moralischen Ebene. Emotionen kommen ins Spiel. Gerechtigkeits-, Wert- und Personenfragen werden immer wichtiger.
3. **Die Ausweitung**. Das gegenseitige Gefühl, nicht ernst genommen zu werden, führt zu Wut und Empörung. Gegenangriffe werden geplant und ausgeführt. Die Kommunikation bricht ab. Dem anderen muss Schaden zugefügt werden, und man braucht Verbündete. Es kommt zu einer symmetrischen Eskalation (Emotionen, keine Kontrolle, selektive Wahrnehmung). Die Sachfrage spielt keine Rolle mehr, sondern nur noch das Verhalten der anderen Seite.
4. **Die Verhärtung**. Der Konflikt kühlt ab (Pattsituation, Sieg der einen Seite, kalter Krieg). Der Konflikt wird chronisch. Diese Verhärtung kann sehr lange dauern. Es bleibt ein dauerhaftes Konfliktpotential.

Voraussetzungen für eine Konfliktregulierung

Konflikte haben ihre Geschichte. Sie sind nicht plötzlich entstanden, sondern sind Ergebnis eines bestimmten Entwicklungsprozesses. So wie sich der Konflikt aufgebaut hat, muss er auch wieder abgebaut werden. Dazu bedarf es eines Weges, der für

Verständnis sorgt, Vertrauen fördert, neue Wege aufzeigt und die Qualität eines konfliktfreien Zustands hervorhebt. Dabei muss immer klar sein, dass auch alle am Konflikt beteiligten Parteien eine Lösung wollen. Ist diese Bereitschaft nicht da, haben alle Bemühungen um Annäherung, Frieden und Gemeinsamkeit keine Chance. Im positiven Fall sind aber folgende Schritte möglich:

- direkt und zeitnah miteinander reden (mit und nicht über die Menschen reden!)
- darauf achten, dass das Gespräch einen guten Verlauf nimmt
- eigene Gefühle benennen und offen legen
- die Vergangenheit ansprechen, unterschiedliche Sichtweisen darstellen
- beiderseits tragbare Lösung aushandeln und Vorgehen verabreden

Hier noch einige Regeln, die eine Führungskraft beachten muss, wenn es darum geht, Friedensstifter zu sein.

1. **Sorgfältig die Situation analysieren.** Es ist wichtig, ein genaues Bild von der Entstehung des Konflikts, seinem Verlauf und der aktuellen Situation zu bekommen. Dabei gilt es, möglichst umfassend und nachhaltig nachzufragen, mit betroffenen Menschen zu reden und auch mittelbar Betroffene zu hören. Dies muss weitestgehend neutral geschehen.

2. **Konzept für das Vorgehen entwerfen**. Es ist wichtig, einen Plan zu haben, in dem man sich die Schritte für das weitere Vorgehen genau überlegt. Dabei kann es durchaus passieren, dass der Plan noch einige Male revidiert bzw. verändert werden muss.

3. **Eigene Position und Funktion klären**. In einem Konflikt müssen alle Parteien wissen, welche Rolle sie spielen. Dabei ist es

entscheidend, dass der Mensch zwischen allen Parteien die eigene Position deutlich macht, seine Funktion beschreibt und sich konsequent daran hält.

4. **Alle Beteiligten ernst nehmen.** Ein guter Konfliktmanager kann sich in die Position der jeweiligen Partei versetzen. Das ist auch nötig, um nicht in den Verdacht der Parteinahme für die jeweils andere Seite zu geraten. Merke: Jeder Mensch hat aus der eigenen Sicht heraus grundsätzlich Recht!

5. **Miteinander im Gespräch bleiben.** Solange alle Parteien miteinander im Gespräch bleiben, ist der Prozess im Gang. Nicht miteinander zu reden, führt sehr schnell zur Verhärtung und macht eine Lösung fast unmöglich.

6. **Gefühlen Raum geben.** Ein Konflikt hat immer viel mit Gefühlen zu tun. Die sind nicht selten auch wesentlicher Bestandteil eines Konflikts. Deshalb darf man nicht versuchen, alles zu versachlichen und möglichst emotionsfrei zu sehen. Gefühle spielen eine wichtige Rolle. Deshalb brauchen sie auch in einem Konflikt Raum. Ein Konfliktmanager muss lernen, auch mit unkontrollierten Gefühlsäußerungen Betroffener gut und angemessen umzugehen.

7. **Unparteiisch bleiben.** Der Konfliktmanager darf sich in einer Auseinandersetzung niemals auf eine Seite schlagen. Das ist natürlich nicht ganz einfach, ist aber für die Konfliktlösung zwingend notwendig. Diese Neutralität muss für alle Seiten klar sein, damit man mit allen Seiten auch im Gespräch bleiben kann. Dazu gehört es auch, offen und ehrlich zu sein. Was man Einzelnen sagt, muss man auch vor der Gruppe sagen können.

8. **»Geduld tut euch Not«.** Dieses Bibelwort gibt eine der Hauptugenden im Konflikt wider. Es dauert oft lange, bis ein Kompromiss gefunden und von allen Seiten akzeptiert wird. Schnelle Lösungen sind oft von kurzer Dauer. Ein Konflikt ist ja auch selten plötzlich entstanden. Genauso gibt es eben auch nur einen längeren Weg aus dem Konflikt heraus.

9. **Das richtige Maß für sich selbst finden**. Wenn ein Konflikt gelöst ist, sind für den Erfolg alle Beteiligten verantwortlich. Wenn Menschen nicht wollen, hat man auch keine Chance. Deshalb ist am Schluss immer jede und jeder für das Ergebnis verantwortlich. Das gilt es auch allen Beteiligten auszudrücken.

Am Ende bleibt die Einsicht, dass uns Christen immer noch ein besonderer Weg gewiesen ist und als Möglichkeit offen steht. Der Apostel Paulus drückt es im Römerbrief (12,18) so aus: »Ist's möglich, soviel an euch liegt, so habt mit allen Menschen Frieden.« Und Jesus sagt (Johannes 13,35): »Daran wird jedermann erkennen, dass ihr meine Jünger seid, wenn ihr Liebe untereinander habt.«

5. Sich selbst führen – Selbstmanagement

Eine Führungsaufgabe ist nie einfach. Wer Führungsverantwortung übernommen hat, weiß, dass sie viel Zeit und Kraft fordert. Das gilt auch dann, wenn es sich um ein Ehrenamt handelt. Oft bleibt Privates auf der Strecke. Familie, Erholung, soziale Kontakte, persönliche Interessen reduzieren sich immer mehr. Das ist die Schattenseite der ganzen Sache. Deshalb gehört zur Führungskompetenz auch das so genannte »Selbstmanagement«. Das ist eine Schlüsselkompetenz, die nicht jeder im Blick hat. Das liegt vor allem daran, dass man so etwas auch kaum lernt.

Beim Selbstmanagement geht es darum ...

- die richtigen Ziele zu finden,
- Aufgaben und Arbeit gut zu organisieren,
- die Zeit bestmöglich zu nutzen,
- die Zusammenarbeit mit anderen effektiv zu gestalten und
- die eigene Kommunikationsfähigkeit entsprechend den Anforderungen zu entwickeln.

Wer bewusst Verantwortung für andere Menschen übernimmt, muss auch Verantwortung für sich selbst übernehmen und lernen, verantwortlich mit den eigenen Kräften umzugehen. Jede Führungspersönlichkeit muss sich die Frage stellen: Wo stehe ich gerade, und wie ist meine derzeitige Situation? Es ist ja leider oft so, dass die, die Führungsaufgaben wahrnehmen, zwar großen Einfluss haben, aber nicht selten persönlich sehr auf sich gestellt und einsam sind. Deshalb ist es wichtig, dass solche Menschen auch nach sich selbst fragen. Ein Mensch, der sich ständig selbst überfordert, wird letztlich seinen Aufgaben und den ihm anvertrauten Menschen nicht mehr gerecht und muss scheitern.

Leider gibt es auch in Kirchen und Gemeinden sehr viele frustrierte Führungspersönlichkeiten. Das liegt aber oft nicht zuerst daran, dass solch ein Mensch zu viele Aufgaben hat. Meines Erachtens verausgaben sich solche Führungspersönlichkeiten oft für ihre Gruppe, ihre Kirche, ihre Gemeinde usw. so sehr, dass sie unbewusst deswegen Ansprüche an andere stellen. Sie beanspruchen Dank und Anerkennung, beklagen sich darüber, dass sie alleine gelassen werden, zuviel zu tun haben und dann noch ständig kritisiert werden. Wenn dann keine Reaktion kommt, verbittern sie, werden unnachgiebig gegen sich und vor allem andere. Gleichzeitig wächst eine Empfindlichkeit gegen jede Art von Kritik: »Sollen die anderen es doch besser machen und sich so engagieren wie ich!«, sagen sie voller Selbstmitleid. Die Freude an der Aufgabe geht immer mehr verloren, und das hat letztlich Auswirkungen auf das ganze ihnen anvertraute Team.

Wer bewusst Verantwortung für andere Menschen übernimmt, muss auch Verantwortung für sich selbst übernehmen und lernen, verantwortlich mit den eigenen Kräften umzugehen.

Das hier Beschriebene ist allerdings nur ein Aspekt für Führungskräfte, denen es am nötigen Selbstmanagement mangelt. Oft ist die Ursache für Frust, ausbleibende Erfolge, Unzufriedenheit der Mitarbeiter, rückläufige Zahlen, Unzulänglichkeiten in den strukturellen und kommunikativen Abläufen u.a.m. bei den Führungskräften zu finden, die über ihre Kräfte leben und ihr eigenes Haus nicht mehr in Ordnung halten können. Dies bedeutet zwangsläufig, dass ein Mensch, der andere Menschen führen will, auch dafür sorgen muss, sein eigenes Leben gut zu führen. »Der Fisch stinkt vom Kopf her!«, sagt der Volksmund und meint genau das: Wenn die Führung einer Organisation unkoordiniert und schlampig arbeitet, darf man auch nicht von den Mitarbeitern erwarten, dass sie ihre Aufgaben gewissenhaft und zufrieden stellend erledigen.

Führung braucht Selbstmanagement der Führungspersonen.

Führung braucht Selbstmanagement der Führungspersonen. Dieses Selbstmanagement könnte von folgenden Fragen ausgehen:

1. Macht mir meine Arbeit, meine Aufgabe überhaupt noch Spaß? Bin ich noch mit Freude dabei, oder ist das, was ich tue, längst zu einer Last geworden?

Wenn man diese Frage nicht mehr eindeutig positiv beantworten kann, weist das auf ein Problemfeld hin. Natürlich gibt es in jeder Führungsaufgabe auch Schwierigkeiten, Aspekte, die nicht nur Freude machen, und auch Aufgaben, die man erledigt, weil man sie erledigen muss, ohne dabei viel Positives zu empfinden. Das ist aber hier nicht gemeint. Es geht vielmehr um die Frage nach einer bestimmten Grundstimmung im Leben. »Es gibt nichts Besseres, als dass der Mensch fröhlich ist bei seiner Arbeit«, heißt es in Prediger 3,12. Diese Weisheit ist hier gemeint. Wer sich seiner Sache nicht mehr so ganz sicher ist, sollte einmal eine Aufstellung machen, die zu erkennen hilft, was letztlich Freude macht und was eher frustriert.

Dazu ist es gut, die einzelnen Faktoren zu betrachten, die Einfluss auf die eigene Zufriedenheit haben:

- Aufgabenfelder
- Zusammenarbeit mit anderen
- Atmosphäre
- Verhältnis zu Mitarbeitern
- Effektivität von Gremien usw.

Man sollte jeden einzelnen Punkt unter der Frage betrachten: **Was macht mir Freude, woran habe ich Spaß bzw. was ärgert und frustriert mich?** Diese Ergebnisse sollte man aufschreiben und gegenüberstellen. Diese Aufstellung hilft, sich bewusst zu machen, was mir wirklich auf der Seele liegt, und zu entscheiden, was nun als Nächstes zu tun ist.

Manchmal kann man solche schwierigen Konstellationen auch nicht alleine lösen. Dann ist es geschickt, sich mit einem Menschen, dem man vertraut, zusammenzusetzen und diese einzelnen Punkte einmal durchzusprechen. Im Dialog mit einem anderen Menschen ergeben sich dann oft leichter Lösungen.

2. Welche Erfolge bzw. Misserfolge hatte ich im letzten Jahr?

Jeder Mensch braucht Erfolge, um mit Misserfolgen fertigwerden zu können. Wer nur Misserfolge hat, wird irgendwann aufgeben. Hier kann man genauso verfahren wie oben. In einer ruhigen Phase sollte man sich einmal die Zeit nehmen, rückblickend aufzuschreiben:

- Was ist im letzten Jahr gelungen?
- Was ist schief gegangen und hatte nicht den erhofften Erfolg?

Auch hier kann die Gegenüberstellung zu einer Klarheit führen, die deutlich macht, warum die Führungsaufgabe im Moment so wenig gelingt. Wieder kann ein Gespräch mit einem kompetenten Menschen helfen, aus dieser schwierigen Situation herauszufinden und die Maßstäbe zurechtzurücken.

3. Wo liegen meine Stärken und meine Schwächen?

Kein Mensch kennt wahrscheinlich seine eigenen Stärken und Schwächen genau. Wer deshalb möglichst nahe an seine Stärken und Schwächen herankommen will, braucht sowohl die eigene Wahrnehmung als auch die Wahrnehmung anderer. Es ist gar nicht so schlecht, von Zeit zu Zeit einmal vertraute Menschen nach ihrer Einschätzung zu fragen. Manchmal bekommt man dann Antworten, die bestätigen, manchmal aber auch solche, die sehr überraschen.

- Stärken sind jede Art von Begabung und Fähigkeit, die ein Mensch hat. Sie können wirkungsvoll eingesetzt werden, um Aufgaben zu bewältigen und Ziele zu erreichen.
- Schwächen sind Begrenzungen, die eine Person daran hindern, ihre Ziele zu erreichen oder ihren eigentlichen Aufgaben nachzukommen.

Die Ergebnisse solch einer **Stärken-Schwächen-Analyse** sollte man sich gut merken, von Zeit zu Zeit (einmal jährlich) überprüfen und dann entsprechend der eigenen Stärken handeln.

4. Komme ich mit meiner Zeit klar, oder gerate ich schnell in Stress?

Das persönliche Zeitmanagement ist eine sehr wichtige Komponente für einen guten Umgang mit sich selbst. Zeit steht uns Menschen nun einmal nicht unbegrenzt zur Verfügung. Leider versuchen viele Führungskräfte, zuviel in die ihnen zur Verfügung stehende Zeit zu packen. Auf Dauer führt das dazu, dass man seine Aufgaben nicht mehr gut erledigen kann, es entsteht Stress und letztlich tiefe Unzufriedenheit und Unsicherheit. Über Zeitmanagement sind viele kluge Bücher geschrieben worden. Deshalb will ich hier auf einzelne Methoden gar nicht eingehen, sondern ein paar kleine Tipps geben. Im Übrigen verweise ich auf die Literaturliste am Ende dieses Buches.

Folgende Schritte für ein gutes Zeitmanagement sollte man auf jeden Fall beachten:

- Man sollte für jeden Tag einen Tagesplan erstellen, der die Aufgaben enthält, die man an einem Tag erledigen will. Dabei sollte man auf jeden Fall berücksichtigen, dass man nur einen bestimmten Teil der Zeit verplanen darf, die zur Verfügung steht. Je nach Aufgabenstellung dürften das nie mehr als 50 Prozent sein. Die übrige Zeit ist durch Unvorhergesehenes (Telefon, Besuch, Gespräche zwischen Tür und Angel usw.) belegt.

- Wenn man den Tagesplan mit den zu erledigenden Aufgaben aufgestellt hat, sollte man einschätzen, wie viel Zeit man für die jeweilige Aufgabe benötigt. Das kann natürlich nur vage sein. Je öfter man das aber macht, desto sicherer wird man.

- Dann sollte man überall noch eine gewisse Pufferzeit einplanen. Dabei gilt die oben angesprochene Regel, dass man nie mehr als 50 Prozent der zur Verfügung stehenden Zeit verplanen sollte.

- Danach ist es wichtig, die Prioritätenliste zu erstellen. In welcher Rangfolge sollen die einzelnen Aufgaben erledigt werden? Auf diese Art und Weise kommt man schnell vorwärts. Wird man einmal unterbrochen, kommt man besser wieder rein. Sollte es vorkommen, dass nach der Erledigung der Aufgabe 1 die Aufgabe 2 nicht angegangen werden kann (z. B. Telefonat: Empfänger meldet sich nicht), geht man gleich zur Aufgabe 3. Ist die dann erledigt, versucht man es nochmals mit Aufgabe 2.

- Das Ganze sollte man dann noch einmal nachkontrollieren und dann beginnen, die einzelnen Punkte abzuarbeiten.

Um solch einen Tagesplan aufzustellen, braucht man oft nicht mehr als zehn Minuten. Je nach der persönlichen Situation erstellt man einen Tagesplan abends für den nächsten Tag oder am Morgen des jeweiligen Tages.

5. Wie sieht meine Zusammenarbeit mit anderen aus, und wie wirke ich?

Gemeint ist hier das, was man »soziale Kompetenz« nennt. Dazu gehört zum einen die Frage, wie ich mich selbst sehe. Weiter geht es um den Bereich sozialer Umgangsweisen und Fertigkeiten. Zum anderen spielt hier auch im weitesten Sinne die erfolgreiche Bewältigung von Angst und Hemmungen ein Rolle.

Will man soziale Kompetenz beschreiben und verdeutlichen, könnte man folgende Punkte benennen (nach Henry Walter):

- **Sprech- oder Sprachkompetenz:** Hiermit ist die Fähigkeit gemeint, sich verbal oder schriftlich so ausdrücken zu können, dass andere auch verstehen, was man denkt und meint. Das schließt auch die Fähigkeit zur Präsentation ein.
- **Kommunikationskompetenz:** Das ist die Fähigkeit, sich anderen verständlich zu machen. Neben dem sicheren sprachlichen Auftreten besteht auch ein hohes Interesse daran, kommunikative Strukturen zu schaffen. Kommunikationskompetenz beinhaltet auch eine höchst mögliche Transparenz und ausgereifte Informationspolitik.

- **Verhaltenskompetenz:** In seinem Buch »Emotionale Intelligenz« beschreibt der amerikanische Psychologe Daniel Goleman: »Wer Erfolg im Leben haben will, muss klug mit seinen Gefühlen umgehen können und das emotionale Alphabet beherrschen. Was nützt ein hoher IQ, wenn man ein emotionaler Trottel ist?«

- **Gruppenkompetenz:** Hier geht es darum, wie sich eine Führungspersönlichkeit in einer Gruppe, einem Team, einer Gemeinschaft von Menschen verhält und die entsprechenden Rollen in unterschiedlichen Situationen und bei unterschiedlichen Herausforderungen einnehmen und vertreten kann.

- **Frustrationstoleranz:** Wie geht eine Führungskraft mit Enttäuschungen und Angriffen auf die eigene Person um? Schafft sie es, auch Kritik und Misserfolge anzunehmen und auch über eine längere Zeit eine Soll-Ist-Differenz auszuhalten?

- **Kontrollierte Selbstdarstellung:** Damit ist die Fähigkeit gemeint, sich in unterschiedlichen Situationen angemessen verhalten zu können und das Ganze im Blick zu behalten.

- **Werteorientierung:** In jeder Gruppe, Gemeinde oder Organisation gibt es Menschen, die ein unterschiedliches Wertesystem haben. Gelingt es der Führungspersönlichkeit, diese Menschen zusammenzuhalten? Außerdem muss eine Führungskraft ständig Werte und Normen hinterfragen, um sie neu bewerten und begründen zu können.

- **Lösungsorientierung:** Oft verlieren sich Menschen in Details. Bei allen Herausforderungen, Problemen und kritischen Anfragen geht es darum, Lösungsmöglichkeiten zu suchen. Hier ist die Fähigkeit gefragt, unterschiedliche Lösungsansätze zu vergleichen und gegeneinander abzuwägen.

Ich habe festgestellt, das Menschen, die in einer Kirche oder Gemeinde groß geworden sind, eine Kindergruppe durchlebt und eine Jugendgruppe erfahren haben, oft über ein hohes Maß an sozialer Kompetenz verfügen. Noch tiefer wird das Sozialverhalten allerdings durch eine gesunde familiäre Situation geprägt. Soziales Verhalten kann man lernen. Dabei gilt das Motto: »Je eher, desto besser!«

6. Führungsstile

Unter Führungsstil versteht man die Art und Weise, wie ein Mensch mit Führungsverantwortung seine Führungsaufgaben wahrnimmt. Dabei geht es in erster Linie darum, wie solch eine Person sich den ihm anvertrauten Menschen gegenüber verhält. Grundsätzlich gibt es keinen genau bestimmbaren Führungsstil, denn viele unterschiedliche Faktoren nehmen letztlich Einfluss auf die persönliche Ausprägung eines Führungsstils. Dabei spielt die Persönlichkeit der Führungsgestalt eine große Rolle und das Menschenbild, das bei ihr vorherrscht. Gleichzeitig verbinden sich mit dem Führungsstil auch einzelne Elemente, die für jede Führungsaufgabe wichtig und nötig sind. Vom Prinzip her ist es sicher nicht falsch zu sagen, dass es mindestens ebenso viele Führungsstile gibt wie Führungskräfte. Trotzdem lassen sich **drei Grundtypen von Führungsstilen** unterscheiden.

- **Der autoritäre Führungsstil** zeichnet sich dadurch aus, dass eine Führungskraft alleine sämtliche Entscheidungen trifft und sie in Form von Anweisungen weitergibt. Seine Kompetenz schöpft er aus einer formalen Autorität. Solche Menschen sind fest in eine strenge Hierarchie eingebunden, die straff von oben nach unten organisiert ist. Die Beteiligung von Mitarbeitern und anderen Personen in der Organisation ist nicht gegeben. Solch ein Stil kann in Krisenzeiten hilfreich und sinnvoll sein. Letztlich führt er aber dazu, dass immer mehr Mitarbeiter aussteigen, weil sie sich nicht trauen, eigene Vorschläge zu machen oder Entscheidungen zu treffen. Sie werden unmündig gehalten, gehen irgendwann in eine innere Emigration oder verlassen die Organisation.

- **Der patriarchalische Führungsstil** ist durch ein ausgeprägtes Lehrer-Schüler-Verhältnis gekennzeichnet. Es gibt eine Vaterfigur, die sich durch Treue und Fürsorge gegenüber den Menschen, die ihm anvertraut sind, auszeichnet. Es herrscht zwischen allen ein eher persönliches Verhältnis vor, obwohl es eine strenge Hierarchie gibt. Eine solche Führungskraft fühlt sich für das Wohl aller verantwortlich. Dieser Stil hilft in Ausbildungsverhältnissen und dann, wenn es darum geht, in schwierigen Situationen Entscheidungen zu treffen. Leider besteht die Gefahr, dass solche Patriarchen sich zu sehr einmischen und andere leicht bevormunden. Oft sind sie überlastet und machen dann Fehler. Andere übernehmen aber nicht gerne die Verantwortung, weil sie nie an das große Vorbild heranreichen.

- **Der kooperative Führungsstil** wird von Menschen ausgeübt, die in einem ständigen Dialog mit den Mitarbeitern und den anvertrauten Menschen stehen. Alle sollen aktiv am Geschehen beteiligt werden. Zielvereinbarungen werden getroffen, Aufgaben delegiert, Entscheidungen vorbereitet und vor allem die Mitarbeiter durch ständige Fortbildungsangebote gefördert. Dieser Stil hat die meisten Vorteile in sich, da er die Beteiligung vieler nicht nur zulässt, sondern geradezu vorsieht. Alle sind besser informiert. Das Gesamtgeschehen wird transparenter. Die Beteiligung der Menschen führt zu einer hohen Solidarität untereinander. Wer so führen will, muss sich allerdings hohen Anforderungen stellen. So zu führen ist zeitaufwendiger, denn es müssen viele Gespräche geführt und kooperative Prozesse gestaltet werden.

Der kooperative Führungsstil ist sicher der beste. Trotzdem können die beiden anderen auch zu bestimmten Zeiten hilfreich und notwendig sein. Letztlich muss es aber immer auf ein partnerschaftliches Miteinander herauslaufen. Es ist empfehlenswert, dass Führungspersönlichkeiten sich von Zeit zu Zeit ein Feedback zu ihrem Führungsstil holen. Das geschieht am besten durch Menschen, denen sie vertrauen. Sehr hilfreich sind Supervisionen, die gerade für Führungskräfte in Kirchen und Gemeinden immer wieder angeboten werden.

7. Wenn es schwierig wird, aber nicht so bleiben soll

Delegationsproblem: Verantwortung übertragen

Menschen mit einer Führungsbegabung sind für jede Organisation von großer Bedeutung, und nicht selten hängt es von ihrem Können ab, ob die Organisation auch überlebt. Die großen wirtschaftlichen Firmenpleiten und Zusammenbrüche werden zwar gerne mit Konjunktureinbrüchen begründet, mit der Globalisierung, dem Aktienmarkt usw. Ich bin aber davon überzeugt, dass letztlich Menschen dafür verantwortlich sind, die durch die zweifelsohne vorhandenen Umstände überfordert werden und dann keine Entscheidungen treffen. Diese Überforderung führt dazu, dass eine Führungskraft immer mehr festhalten will, je mehr ihr entgleitet. Irgendwann kommt es dann zum unaufhaltsamen Crash, der dann oft auch viele andere mit in den Strudel reißt. Davor sind auch Kirchengemeinden nicht gefeit. Hier geht es aber nicht nur um wirtschaftliche Probleme, sondern eben auch um einen inneren Werteverlust, der dazu führt, dass man immer mehr Menschen verliert (was wiederum auch finanzielle Einbußen bedeutet, die dann auch die Existenz einer Ortsgemeinde gefährden können).

Gute Führungskräfte haben gelernt abzugeben.

- Gute Führungskräfte haben gelernt abzugeben. Das bezieht sich auf fast alle Bereiche ihres Wirkraums. Wissen ist Macht, sagt man, aber Information und Verantwortung sind es auch, ja sogar Begabungen und Fähigkeiten tragen Strukturen der Macht in sich, die für andere ein Segen, aber auch ein Fluch sein können. Es hängt entscheidend von dem einzelnen Menschen in einer Führungsposition ab. Wenn ich oben gesagt habe, dass es zu den wichtigsten Führungsaufgaben gehört, andere Leute stark zu machen, dann ist das freiwillige Abgeben von Kompetenzen an andere ein Teil davon.

- Führungspersönlichkeiten geben gerne ihr Wissen und ihre Erfahrungen an andere weiter, ohne sie damit zu erschlagen. Ihr Ziel ist es, jüngere Menschen in die Lage zu versetzen, ihre Aufgaben gut erledigen zu können. Sie wollen sich selbst nicht herausstellen, sondern stellen andere nach vorne.

- Führungspersönlichkeiten halten wichtige Informationen nicht zurück. Transparenz ist ein Wesensmerkmal ihres Führungsstils. So schaffen sie zu ihren Mitarbeitern ein Vertrauensverhältnis.

- Führungspersönlichkeiten können Verantwortung teilen, indem sie nicht nur Aufgaben delegieren, sondern gleichzeitig auch die Entscheidungskompetenzen. So bilden sie Führungskräfte für morgen aus und erleben, dass man bestimmte Aufgaben auch anders lösen kann.

- Führungspersönlichkeiten erkennen Begabungen in ihren Mitarbeitern und erkennen deren Fähigkeiten an. So fördern und fordern sie zu gleichen Teilen und legen dadurch Gleise in die Zukunft, auf denen andere dann fahren können.

Mitarbeiter, die mitdenken dürfen, können auch mithandeln. Das bedeutet allerdings auch, dass Führungspersönlichkeiten ihre Ideen, Einstellungen und Entscheidungen öfter diskutieren müssen, als ihnen vielleicht lieb ist. Wer als Führungskraft nicht delegieren kann, offenbart damit die eigene Führungsunfähigkeit.

Kommunikationsproblem: miteinander im Gespräch bleiben

Konflikte und Spannungen gehören zum Leben. Sie sind ein Teil der menschlichen Natur. Dabei ist die Fähigkeit, Kompromisse zu finden und zu schließen, ein wesentlicher Bestandteil dafür, dass menschliches Zusammenleben funktionieren kann. Ebenso gehört die Erkenntnis dazu, dass Nachgeben kein Zeichen von Schwäche ist, sondern auf dem Wunsch beruht, auch weiterhin beieinander zu bleiben und gemeinsam das Leben zu gestalten. Wer nicht kompromissfähig ist, ist letztlich nicht gemeinschaftsfähig. Menschen, die sich selbst ständig mit ihrer Meinung und ihren Überzeugungen durchsetzen müssen, haben Schwierigkeiten im Umgang mit der Macht und lassen es an der nötigen Sozialkompetenz fehlen. Dies gilt vor allem für Führungskräfte, die meinen, sie würden an Macht und Einfluss verlieren, wenn sie bei Konflikten nicht mit aller Macht ihre Position verteidigen. Das Gegenteil ist aber der Fall. Wer sich mit anderen Menschen auf einen Dialog einlässt, wird sie nicht verlieren, sondern gewinnen und so auch im Blick auf die eigene Führungskompetenz wachsen.

Wer nicht kompromissfähig ist, ist letztlich nicht gemeinschaftsfähig.

Spannungen können nur gelöst werden, wenn man miteinander im Gespräch bleibt. Sonst verhärten sich die Fronten, was einen Dialog auf Dauer unmöglich macht. In solchen Gesprächen sollten persönliche Belange erst einmal zurückstehen. Es kommt darauf an, dass stets die gesamte Gemeinde, die ganze Gruppe oder Organisation in den Blick kommt. Ihr Sein und ihr Überleben sind wichtig und nicht so sehr die Meinung, Auffassung oder Sicht eines einzelnen Menschen. Der Einzelne bleibt wichtig, aber nur als Teil eines Ganzen. Im Gespräch kommt es nun darauf an, einen gemeinsamen Standpunkt zu finden, der für alle Seiten akzeptabel ist und mit dem man auch als einzelne Person leben kann.

Gespräche mit Mitarbeitern sind auch sonst ein wichtiger Bestandteil einer erfolgreichen Menschenführung. Solche Gespräche darf man nicht zwischen Tür und Angel führen. Sie brauchen eine angenehme und einladende Atmosphäre. Wer im Zusammenhang mit den eigenen Führungsaufgaben gute Gespräche mit Menschen führen will, sollte die nachfolgenden Punkte beachten:

- Der Rahmen muss stimmen. Ein geschlossener Raum ist wichtig.
- Die Gesprächspartner sollten die gleiche Sitzhöhe haben.
- Jeder muss die Chance haben, ausreden zu können. Das gilt auch dann, wenn das Gespräch emotional geladen ist.
- Geht es um größere Probleme, muss dafür genügend Zeit zur Verfügung stehen, denn Zeitdruck blockiert Kreativität und die Fähigkeit, zu einem Konsens zu gelangen.
- Am Wichtigsten ist die Fähigkeit, sich in den oder die Gesprächspartner hineinzufühlen. Je besser jemand es schafft, sich die Sichtweise eines anderen Menschen zu eigen zu machen, desto schneller werden Konflikte gelöst, sind Entscheidungen möglich, findet man die richtige Mitte. Deshalb sind konzentriertes Zuhören, Mitdenken und u. U. auch Schweigen für ein gelungenes Gespräch wichtig.

Wenn Menschen sich angegriffen fühlen, werden sie entsprechend abwehrend reagieren. Deshalb sollte man immer dafür sorgen, dass alles vermieden wird, was die Situation weiter emotionalisiert. Um einen Konsens zu finden, sind Geduld und Einfühlungsvermögen erforderlich. Hilfreich ist es dabei, unstrittige Gemeinsamkeiten herauszustellen. In den meisten Fällen ist das Gemeinsame größer als das Trennende. Dabei muss man allerdings stets berücksichtigen, dass in einer Meinungsverschiedenheit, einem Interessenkonflikt oder in der unterschiedlichen Einschätzung einer Situation nie völlige Sachlichkeit erreicht werden kann. Emotionen schwingen immer mit. Oft sind sogar die emotionalen Aspekte entscheidend dafür, dass ein Problem überhaupt erst entsteht und wie es wieder gelöst werden kann. Man sollte deshalb Bemerkungen, die das Verhalten einer Person bewerten, vermeiden. Stattdessen ist es wichtig, dass ein Mensch auch die Gelegenheit hat, sich »Luft zu machen«. Menschen mit Führungsverantwortung müssen es lernen, das auszuhalten. Das können sie auch, wenn sie ein größeres Ziel vor Augen haben.

Wer fragt, führt!

»Wer fragt, führt!«, lautet eine ziemlich alte Management- bzw. Führungsregel. Wer fragt, bekommt außerdem Antworten und damit wichtige Informationen. Ein Mensch, der Fragen stellt, öffnet sich. Menschen, die gefragt werden, öffnen sich ebenfalls. So entsteht eine Dialogsituation, die für den Bereich der Menschenführung unverzichtbar ist. Oft ergeben sich gerade hier Probleme, weil viel zu häufig Antworten gegeben werden, ohne dass jemand eine Frage gestellt hat. Das mag daran liegen, dass es manche Führungspersönlichkeiten für eine Art von Schwäche halten, Fragen zu stellen. Führen und fragen gehören aber nun einmal zusammen. Wer nicht fragt, erfährt nichts mehr und bleibt letztlich ohne wichtige Informationen. Das lernen schon die Kinder, die ja von sich aus Fragen stellen, weil sie etwas wissen wollen. Offensichtlich gibt es einen Punkt, an dem viele Menschen aufhören, Fragen zu stellen, weil sie Angst haben, »dumme« Fragen zu stellen.

Richtig fragen muss man lernen. Eine ausgefeilte Fragetechnik ist die wichtigste Voraussetzung dafür, um in einem dauerhaften Dialog mit Menschen bleiben zu können. Wer einem anderen Menschen eine Frage stellt, wertet diesen dadurch auf und schafft die Grundlage für einen vertrauensvollen Umgang miteinander. Wer keine Fragen stellt, isoliert andere Menschen und isoliert sich von anderen. So ist keine Entwicklung möglich. Mit Fragen bekundet man Interesse am anderen, macht sich mit seiner Denk- und Lebenswelt vertraut, lernt dazu und kann sich selbst vermitteln.

Bei Fragen unterscheidet man geschlossene und offene Fragen.

Frageform	*Beginnt mit einem*	*Antwort*	*Art der Frage*
Geschlossene Frage	Verb	Ja oder Nein möglich	Entscheidungsfrage
Offene Frage	Fragewort (W-Wort)	Ja oder Nein nicht möglich	Informations frage

Geschlossene Fragen sind Entscheidungsfragen, die mehrere Variationen kennen. Solche Fragen stellt man, wenn man ein Ja oder ein Nein hören möchte. Solche Fragen enthalten keine Informationen, sondern stehen am Ende eines Dialogs, um alles auf einen Punkt zu bringen.

Offene Fragen sind Informationsfragen. Auf die Frage: »Wie wollen wir den nächsten Gottesdienst gestalten?«, kann man nicht mit Ja oder Nein antworten. Jetzt fließen Informationen. Wer also etwas erfahren will, muss offene Fragen stellen.

Wenn man für den Unterschied zwischen offenen und geschlossenen Fragen sensibilisiert ist, sollte man einmal Fernsehinterviews daraufhin beobachten. Man wird sehr schnell den Unterschied zwischen diesen beiden Frageformen und ihre jeweilige Wirkung feststellen. Führungskräfte müssen fragen können, um ihre Aufgabe zu erfüllen. Allerdings gehört dann auch dazu, dem anderen den nötigen Raum zu geben, die entsprechenden Antworten zu formulieren. Das schließt die Fähigkeit ein, auch zuhören zu können. Denn das Entscheidende sind ja die Antworten, die ein Gespräch dann zum Ziel führen.

Mehr Anerkennung statt Kritik

»Wo gehobelt wird, da fallen Späne«, sagt der Volksmund. Gemeint ist damit wohl: Wo Menschen zusammenarbeiten, können auch Probleme auftreten. Gleichzeitig weist dieses Wort auch darauf hin, dass Menschen Fehler machen können. Davon ist niemand frei. Nur wer nichts tut, macht keine Fehler – vielleicht nur den, eben nichts zu tun. Immer wieder kann etwas schief gehen, können Fehler gemacht werden und Dinge in eine falsche Richtung laufen. Eine gute Führungskraft weiß damit umzugehen. Sie muss auf die Fehler hinweisen. Das nennt man Kritik.

Es kommt aber nicht von ungefähr, dass man das Wort »Kritik« mit dem Wort »konstruktiv« verbinden muss, da Kritik oft als destruktiv und wenig aufbauend empfunden wird. Konstruktive Kritik hat immer ein Ziel vor Augen: Der Mensch, der einen Fehler gemacht hat, soll diesen Fehler in Zukunft vermeiden und es besser machen.

Grundsätzlich verdient jeder Mensch, der etwas tut, auch die entsprechende Anerkennung. Meist hat jemand, dem ein Fehler unterlaufen ist, vieles gut gemacht. Selbst an den Stellen, an denen etwas schief gelaufen ist, gab es auch Positives. Deshalb beginnt konstruktive Kritik am besten mit folgendem Satz: »Du hast deine Sache gut gemacht ...« Jetzt aber bitte nicht ein »aber« anfügen, sondern den Satz folgendermaßen weiterführen: »... noch besser wird es, wenn du in Zukunft dieses oder jenes beachtest oder tust.«

Wenn schon Kritik, dann zeitnah. Zu spät angebrachte Kritik wirkt leicht nachtragend. Gleichzeitig ist es wichtig, immer nur die Sache zu kritisieren, die falsch gelaufen ist, und nicht den Menschen, der etwas falsch gemacht hat.

Am besten wird Kritik aufgenommen, wenn ein Mensch mit Führungsverantwortung sonst auch nicht mit Lob und Anerkennung spart.

Auch hier macht der Ton die Musik. Man sollte niemals laut werden, einen anderen Menschen lächerlich machen oder mit Verallgemeinerungen um sich werfen.

Am besten wird Kritik aufgenommen, wenn ein Mensch mit Führungsverantwortung sonst auch nicht mit Lob und Anerkennung spart. Gerade in Gemeinden arbeiten die Menschen meist ehrenamtlich und bringen einen großen Teil ihrer Freizeit ein. Aber auch hauptamtliche Mitarbeiter brauchen Anerkennung, auch wenn sie ihre Pflicht tun. Grundsätzlich ist nichts, was eine Person einbringt, selbstverständlich. »Lob ist eine Münze, die auch den reich macht, der sie ausgibt«, sagt eine Managerweisheit. Lob tut nicht weh, sondern fördert im Gegenteil die Bereitschaft, weiter mitzumachen und auch in schwierigen Zeiten treu zur angefangenen Sache zu stehen.

Verständnis zeigen und Hilfe geben

Jeder von uns möchte als Mensch und nicht als Nummer behandelt werden. Persönliche Unhöflichkeit schafft Unzufriedenheit und Ablehnung. Unbeherrschte Führungskräfte, die polternd und laut auftreten, machen damit nur persönliche Schwächen, aber nie eine Stärke deutlich. Sie erweisen sich damit im Blick auf ihre Führungsverantwortung als inkompetent.

Wer Menschen führen will, muss menschlich führen. Natürlich hat man im kirchlichen Kontext gelernt, Anteilnahme zu zeigen und auf menschliche Bedürfnisse zu achten. Aber auch in kirchlichen Organisationen und Gemeinden gehen Führungskräfte mit ihren Mitarbeitern nicht immer gut um. Wenn eine Mitarbeiterin ein Lob für ihre Arbeit zum ersten Mal dann bekommt, wenn sie nach zwanzig Jahren den Dienst beendet, dann ist das unmenschlich. Wenn ein Mitarbeiter nicht mehr kann oder will und dann immer wieder genötigt wird, weiterzumachen, weil es ja keine Nachfolger oder Ersatzpersonen gibt, dann ist das verachtend.

> ***Wer Menschen führen will, muss menschlich führen.***

Echte Anteilnahme sieht auch die kleinen Dinge, interessiert sich für die Menschen und ist um deren Wohl bemüht. »Geht es dir gut?«, ist keine inhaltsleere Floskel, sondern muss die ernst gemeinte Frage jeder Führungspersönlichkeit gegenüber Mitarbeitern und den Menschen sein, die in den eigenen Wirkkreis gehören.

Gerade wenn es Probleme im Leben von Menschen gibt, ist das anteilnehmende Mitgehen ein wichtiger und wesentlicher Aspekt lebendiger Führungsverantwortung. »Du bist mir nicht egal. Ich bin an dir und deinem Wohlergehen interessiert. Es soll dir wieder gut gehen, damit du fröhlich weitermachen kannst.« Mit dieser Einstellung sollten christliche Führungskräfte ihren Mitarbeitern entgegenkommen. Solch eine Haltung hat eine nachhaltige Wirkung auf andere und führt letztlich dazu, dass Menschen sich wohl fühlen. Sie spüren und erfahren: Ich bin keine

Nummer, kein x-beliebiger Mensch. Ich bin als Person wichtig und gemeint. Es gibt ein großes Interesse an mir.

Letztlich ist es das Evangelium von Jesus Christus, in dem die positive Wirkung einer Führungskraft in der Gemeinde wurzelt. Denn Jesus ist sicher das beste Bild für eine gute Führungskraft. Wie er mit seinen Jüngern umging, das Beste aus ihnen herausholte, sie auch in schwierigen Situationen unterstützte, sie auf ein Ziel hin förderte und jeden in seiner Persönlichkeit wahr- und ernst nahm, ist vorbildlich. Durch sein Handeln wies er darauf hin, wie Gott sich menschliches Miteinander gedacht hat. Davon können alle, die heute in Kirchen und Gemeinden, in großen oder kleinen Gruppen Führungsverantwortung tragen, lernen.

Literaturverzeichnis

Werner Tiki Küstenmacher

Simplify your life – Einfach glücklicher leben
Campus Verlag, Frankfurt, 2002

Michael Noss

Aufbrechen, verändern, gestalten –
Auf dem Weg zu einer einladenden Gemeinde
Oncken Verlag, Wuppertal, 1999

John P. Kotter

Wie Manager richtig führen
Carl Hanser Verlag, München, 1999

Anselm Grün

Menschen führen, Leben wecken
Vier-Türme-Verlag, Münsterschwarzach, 2001

Hans H. Hinterhuber/Eric Krauthammer

Leadership – mehr als Management
Gabler Verlag, Wiesbaden, 2001

Henry Walter

Handbuch Führung
Campus Verlag, Frankfurt, 1999

Michael Noss

Teamarbeit – Effektiv und gerne zusammenarbeiten
Oncken Verlag, Wuppertal, 2001

Nikolaus B. Enkelmann

Führen muss man einfach können –
Das ABC der Menschenführung
Ueberreuter, Frankfurt, 2002

Daniel Goleman/Richard Boyatzis/Annie McKee

Emotionale Führung
Econ Verlag, München, 2002

Daniel Goleman

Emotionale Intelligenz
dtv, München, 2002

Daniel Goleman

EQ2 – Der Erfolgsquotient
dtv, München, 2001

Warren Bennis/Burt Nanus

Führungskräfte –
Die vier Schlüsselstrategien erfolgreichen Führens
Campus Verlag, Frankfurt, 1992

Kenneth Blanchard/Norman Vincent Peale

Die Kraft des positiven Führens
Heyne Verlag, München, 1988

Klaus Doppler

Dialektik der Führung – Opfer und Täter
Gerling Akademie Verlag, München, 2001

John C. Maxwell

Charakter und Charisma – Die 21 wichtigsten Qualitäten erfolgreicher Führungspersönlichkeiten
Brunnen Verlag, Gießen, 2002

John C. Maxwell

Leadership – Die 21 wichtigsten Führungsprinzipien
Brunnen Verlag, Gießen, 2002

John C. Maxwell

The 21 most powerful Minutes in a Leader's day
Thomas Nelson Publishers, Nashville, 2000

John C. Maxwell

Developing the Leader Within You
Thomas Nelson Publishers, Nashville, 1993

Hans Hartmut Schmidt

Gruppenleitung

Einfühlsam und zielgerichtet leiten

96 Seiten, kartoniert, Format 10,5 x 16,5 cm, Bestell-Nr. 627 431

Dieser Pocket-Guide zeigt Ihnen kurz und übersichtlich, wie Sie Gruppen leiten können!

Wie Sie nicht nur sachlich, sondern mit Kopf und Bauch leiten. – Wie Sie der Gruppe helfen, Konflikte konstruktiv zu bearbeiten. – Wie Sie hilfreiches Feedback geben und bekommen. – Wie Sie Gruppenteilnehmer noch besser miteinander ins Gespräch bringen.

ONCKEN VERLAG WUPPERTAL UND KASSEL

Klaus Douglass

Motivieren

Sich selbst und andere begeistern

96 Seiten, kartoniert, Format 10,5 x 16,5 cm, Bestell-Nr. 627 432

Dieser Pocket-Guide zeigt Ihnen, wie Sie sich selbst und Ihre Gemeinde für wichtige Ziele begeistern können!

Wie Sie sich selbst motivieren. – Wie Sie für sich sorgen und sich auf Ihre Stärken konzentrieren. – Wie Sie andere motivieren. – Wie Sie Menschen aufbauen. – Welche Grundregeln der Motivation Ihnen zu positivem Handeln verhelfen.

ONCKEN VERLAG WUPPERTAL UND KASSEL

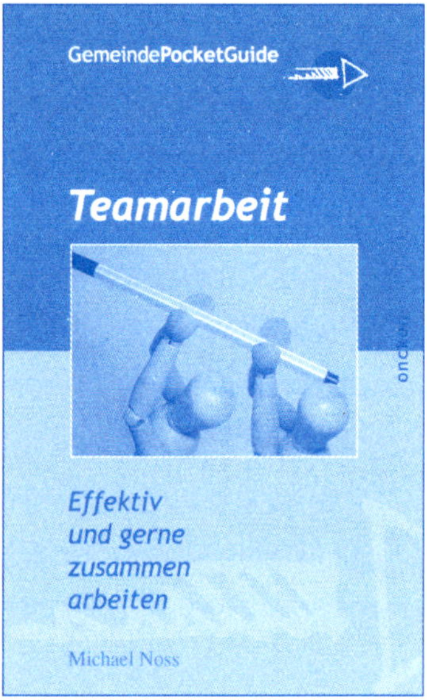

Michael Noss

Teamarbeit

Effektiv und gerne zusammen arbeiten

96 Seiten, kartoniert, Format 10,5 x 16,5 cm, Bestell-Nr. 627 430

Dieser Pocket-Guide zeigt Ihnen, wie Sie mit Ihren Mitarbeitern zu einem wirklich starken Team werden können!

Wie Sie ein gutes Team bilden. – Wie Sie ein guter Teamleiter werden. – Wie Sie das Team in Bewegung setzen. – Warum Ziele wichtig sind und wie Sie sie finden. – Wie Sie die Kommunikation im Team verbessern.

ONCKEN VERLAG WUPPERTAL UND KASSEL

Hans Hartmut Schmidt

Coaching

Menschen beraten und begleiten

96 Seiten, kartoniert, Format: 10,5 x 16,5 cm, Bestell-Nr. 627 435

Dieser Pocket-Guide zeigt Ihnen, wie Sie Menschen im persönlichen Gespräch optimal begleiten können.

Wie Sie ein guter Coach werden. – Was einen guten Coach auszeichnet. – Wie Sie Coaching einsetzen können. – Wie sich die Qualität Ihrer Beratung steigern kann. – Welche Prozesse in der Gemeinde durch Coaching gefördert werden können.

ONCKEN VERLAG WUPPERTAL UND KASSEL

Peter Edwin Brandt

Rhetorik

Wirkungsvoll und glaubwürdig reden

96 Seiten, kartoniert, Format: 10,5 x 16,5 cm, Bestell-Nr. 627 433

Dieser Pocket-Guide zeigt Ihnen, wie Sie eine gute Botschaft überzeugend und glaubwürdig ausdrücken können!

Wie Sie sich auf die Zuhörer einstellen. – Wie Sie sich hörergerecht vorbereiten. – Wie Sie Glaubwürdigkeit statt Perfektion erreichen. – Wie Sie schwierige Situationen meistern.

ONCKEN VERLAG WUPPERTAL UND KASSEL